조약돌 아트 동물 컬러링

조약돌 아트
동물 컬러링

드니스 시클루나 지음 | 정영은 옮김

차례

어떤 작품을 만들어 볼까요? 6
조약돌 아트 동물의 세계로 초대합니다! 14

1장 시작하기   16

조약돌 사냥을 떠나 볼까요? 18	필요한 도구 22	준비하기와 마무리하기 24

2장 작품 만들기   26

붕붕 꿀벌 28	느림보 달팽이 56	복슬복슬 알파카 84
배고픈 판다 30	훨훨 새와 나비 58	생쥐와 치즈 86
숲속 친구들 32	스르르 뱀 60	유유자적 수달 88
변신의 귀재 카멜레온 34	줄무늬 얼룩말 62	품위 있는 견공들 90
하늘을 수놓는 잠자리 36	야옹야옹 고양이 64	포근포근 북극곰 92
영리한 코끼리 38	바닷속 친구들 66	깡충깡충 토끼 94
개굴개굴 개구리 40	멍멍 강아지 68	느긋한 나무늘보 96
농장 친구들 42	깊은 바다 물고기 70	자그마한 곤충 친구들 98
하늘하늘 해파리 44	엄마 캥거루와 아기 캥거루 72	달려라 거북이 100
까불까불 원숭이 46	나무 위 코알라 74	늑대와 여우 102
형형색색 앵무새 48	꽥꽥 오리 76	열대의 새들 104
폭신폭신 양 떼 50	폴짝폴짝 여우원숭이 78	무지개 유니콘 106
뒤뚱뒤뚱 펭귄 52	잠자는 사자 80	
사랑스러운 물개 54	우아한 새들 82	

3장 작품 활용하기   108

잠자는 햄스터 110	조약돌 펜던트 115	기린 퍼즐 121
식탁용 누름돌 111	무당벌레 정원 장식 116	거위가 나란히 122
옛날 옛날에 112	짝 맞추기 게임 118	
조약돌 브로치 114	조약돌 액자 120	

찾아보기 124

어떤 작품을 만들어 볼까요?

이 책에 등장하는 조약돌 동물을 찾아보기 쉽게 한자리에 모았습니다. 개와 고양이부터 물고기와 새까지 다양한 동물 친구들이 여러분을 기다리고 있어요. 쭉 살펴보고 제일 마음에 드는 작품을 골라 바로 시작해 보세요.

28
붕붕 꿀벌

30
배고픈 판다

32
숲속 친구들

32
숲속 친구들

34
변신의 귀재 카멜레온

36
하늘을 수놓는 잠자리

38
영리한 코끼리

어떤 작품을 만들어 볼까요? ● 7

40
개굴개굴 개구리

42
농장 친구들

42
농장 친구들

44
하늘하늘 해파리

46
까불까불 원숭이

48
형형색색 앵무새

50
폭신폭신 양 떼

52
뒤뚱뒤뚱 펭귄

54
사랑스러운 물개

● 조약돌 아트 ROCK ART

56
느림보 달팽이

58
훨훨 새와 나비

58
훨훨 새와 나비

58
훨훨 새와 나비

60
스르르 뱀

62
줄무늬 얼룩말

64
야옹야옹 고양이

어떤 작품을 만들어 볼까요? ● 9

66
바닷속 친구들

66
바닷속 친구들

68
멍멍 강아지

68
멍멍 강아지

70
깊은 바다 물고기

72
엄마 캥거루와 아기 캥거루

74
나무 위 코알라

● 조약돌 아트 ROCK ART

76
꽥꽥 오리

78
폴짝폴짝 여우원숭이

78
폴짝폴짝 여우원숭이

80
잠자는 사자

82
우아한 새들

82
우아한 새들

82
우아한 새들

84
복슬복슬 알파카

86
생쥐와 치즈

어떤 작품을 만들어 볼까요? ● 11

86
생쥐와 치즈

88
유유자적 수달

90
품위 있는 견공들

90
품위 있는 견공들

92
포근포근 북극곰

조약돌 아트 ROCK ART

94
깡충깡충 토끼

96
느긋한 나무늘보

98
자그마한 곤충 친구들

어떤 작품을 만들어 볼까요? ● 13

100
달려라 거북이

102
늑대와 여우

104
열대의 새들

104
열대의 새들

106
무지개 유니콘

조약돌 아트
동물의 세계로
초대합니다!

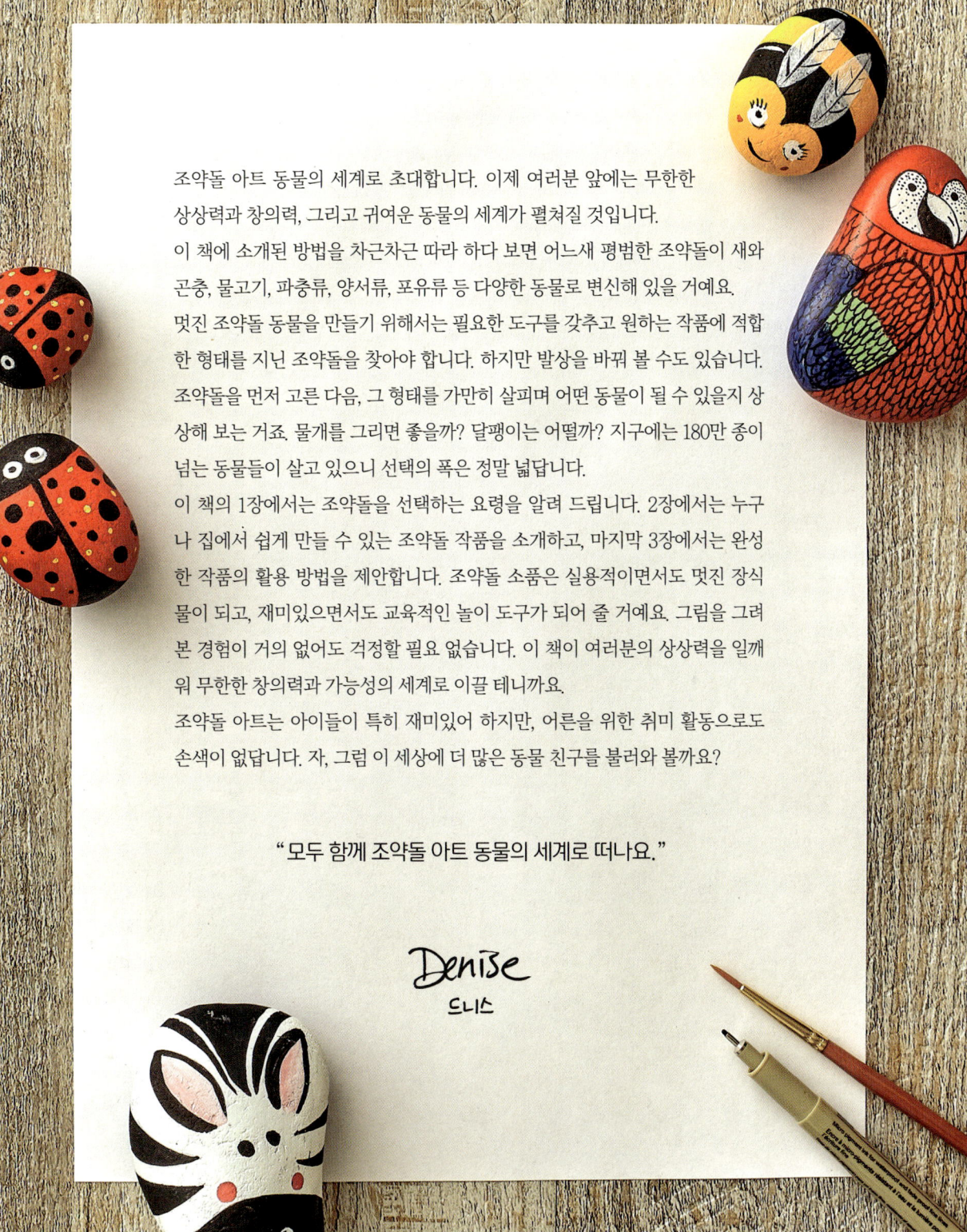

조약돌 아트 동물의 세계로 초대합니다. 이제 여러분 앞에는 무한한 상상력과 창의력, 그리고 귀여운 동물의 세계가 펼쳐질 것입니다.

이 책에 소개된 방법을 차근차근 따라 하다 보면 어느새 평범한 조약돌이 새와 곤충, 물고기, 파충류, 양서류, 포유류 등 다양한 동물로 변신해 있을 거예요.

멋진 조약돌 동물을 만들기 위해서는 필요한 도구를 갖추고 원하는 작품에 적합한 형태를 지닌 조약돌을 찾아야 합니다. 하지만 발상을 바꿔 볼 수도 있습니다. 조약돌을 먼저 고른 다음, 그 형태를 가만히 살피며 어떤 동물이 될 수 있을지 상상해 보는 거죠. 물개를 그리면 좋을까? 달팽이는 어떨까? 지구에는 180만 종이 넘는 동물들이 살고 있으니 선택의 폭은 정말 넓답니다.

이 책의 1장에서는 조약돌을 선택하는 요령을 알려 드립니다. 2장에서는 누구나 집에서 쉽게 만들 수 있는 조약돌 작품을 소개하고, 마지막 3장에서는 완성한 작품의 활용 방법을 제안합니다. 조약돌 소품은 실용적이면서도 멋진 장식물이 되고, 재미있으면서도 교육적인 놀이 도구가 되어 줄 거예요. 그림을 그려 본 경험이 거의 없어도 걱정할 필요 없습니다. 이 책이 여러분의 상상력을 일깨워 무한한 창의력과 가능성의 세계로 이끌 테니까요.

조약돌 아트는 아이들이 특히 재미있어 하지만, 어른을 위한 취미 활동으로도 손색이 없답니다. 자, 그럼 이 세상에 더 많은 동물 친구를 불러와 볼까요?

"모두 함께 조약돌 아트 동물의 세계로 떠나요."

Denise
드니스

조약돌 사냥을
떠나 볼까요?

조약돌과 암석은 호수나 강, 해안이나 해변에서 찾을 수 있습니다. 우리가 사는 집 뒷마당에서도 찾을 수 있어요. 이제 암석에 대한 기본적인 상식을 살펴보고, 작품 그리기에 적합한 조약돌을 고르는 요령도 알아보겠습니다.

조약돌은 어떤 돌일까?

조약돌은 다른 암석이나 광물과 크게 다르지 않습니다. 조약돌은 암석의 일종으로 구체적으로는 왕모래보다 크고 왕자갈보다는 작아요. 조약돌을 아름답게 만드는 것은 바로 다양한 질감과 색깔입니다. 오묘한 빛깔의 석영 띠가 새겨진 조약돌이 있는가 하면, 다른 퇴적암층이 관통하며 무늬를 이루는 조약돌도 있어요. 이렇듯 조약돌을 이루는 광물이 다양하기 때문에 각각의 조약돌은 서로 다른 모습을 지니게 됩니다. 조약돌의 표면은 대개 매끄럽지만, 바닷물에 오랜 기간 노출된 조약돌의 경우 독특한 질감을 지니기도 합니다.

큰 강변이나 호숫가 등 내륙에서도 조약돌을 찾을 수 있습니다. 이러한 조약돌은 하천 변에 있던 암석이 물살에 실려 온 입자에 깎이고 다듬어져 생성된 것인데, 토양의 성질과 화학적 성분, 물의 유속 등 여러 요소의 복합적인 작용으로 그 색깔과 매끈한 정도가 달라집니다. 강가에서 찾을 수 있는 조약돌은 대개 검은색이나 회색, 녹색, 갈색, 흰색 빛깔을 띱니다.

암석에는 세 종류가 있습니다. 화성암과 퇴적암, 변성암으로 생성 과정에 차이가 있지요. 그렇기 때문에 세 가지 암석은 그 외양이나 특성이 다르고, 발견되는 장소도 다릅니다. 우리에게 가장 중요한 것은 작품을 만들기에 적합한 조약돌을 고르는 것이겠지요? 20쪽의 내용을 참고하면 우리가 앞으로 보게 될 여러 암석의 유형에 대한 기본적인 정보를 얻을 수 있습니다.

찾으러 나가기 번거롭다고요?

걱정할 것 없습니다. 조약돌을 직접 찾기 귀찮거나 나갈 시간이 없어도, 근처에 해안이나 강변이 없어도 완벽한 조약돌을 찾을 방법이 있거든요. 바로 다양한 조약돌을 판매하는 공예 용품점이나 원예 용품점, 또는 온라인 쇼핑몰을 이용하는 것입니다.

온라인으로 조약돌을 주문할 때는 구상하는 작품에 적합한 크기인지 세부적인 치수를 꼼꼼히 살펴보고 확인해야 합니다. 온라인 주문은 직접 해변을 돌아다니며 조약돌을 찾는 것과는 전혀 다릅니다. 아쉽게도 돌을 직접 보거나 만지작거리면서 아이디어를 구상할 수가 없어요. 그러나 온라인 쇼핑몰에서는 판매하는 돌의 사진과 설명을 볼 수 있습니다. 게다가 무거운 돌을 힘들게 직접 들고 다닐 필요 없이 집에서 편하게 받아 보는 것이 큰 장점이지요.

조약돌의 가격은 종류에 따라 다릅니다. 예를 들어 장신구 등으로 쓸 수 있도록 미리 구멍을 뚫어 놓은 조약돌은 당연히 더 비쌀 수밖에 없습니다. 구매처에 따라서도 가격이 달라질 수 있으니 적어도 두세 곳을 비교해 보세요. 대용량 제품을 구매하면 더 저렴한 경우도 있습니다. 운이 좋다면 별도의 할인을 적용받을 수도 있어요. 대량으로 구매한 조약돌 중 사용하지 않은 것은 잘 포장해 두었다가 필요할 때 다시 꺼내 쓰면 됩니다.

어떤 조약돌을 골라야 할까요?

작품과 조약돌의 조합을 정하는 방법은 기본적으로 두 가지입니다. 작품을 먼저 고르는 방법이 있고, 조약돌을 먼저 고르는 방법이 있습니다. 이미 특정한 작품을 머릿속으로 구상했거나 작품의 용도를 결정한 상태라면 그 작품에 맞는 크기와 형태의 조약돌을 찾아야 합니다. 그리고자 하는 동물이 개인지 얼룩말인지 코알라인지에 따라 필요한 조약돌은 달라집니다. 완성된 작품을 브로치로 쓸지, 놀이 도구로 쓸지 등 활용 방법에 따라서도 달라지고요. 여기서 중요한 점은 여러분이 선택한 동물을 그릴 캔버스로 적절한 조약돌을 고르는 것입니다. 하지만 미리 정한 조건에 너무 얽매이지는 마세요. 구상한 작품을 다른 형태의 조약돌에는 어떻게 적용할 수 있을지 생각해 보는 것도 좋습니다. 조약돌에 동물을 그리는 방법은 다양합니다. 옆면과 뒷면을 포함한 조약돌의 표면 전체를 활용할 수도 있고, 중앙에만 그림을 그릴 수도 있어요. 아직 어떤 동물을 그릴지 결정하지 않았다면 느긋하게 앉아서 조약돌을 바라보며 영감이 떠오르기를 기다리는 것도 좋습니다. 지구에는 180만 종이 넘는 동물들이 살고 있는 만큼 그릴 수 있는 동물도 정말 많으니까요.

그렇지만 조약돌을 고를 때 염두에 두어야 할 일반적인 지침은 존재합니다. 이를테면 조약돌의 표면은 매끄러운 것이 좋은데, 표면이 매끄러워야 일반 펜이나 마커 펜을 쓰기가 쉽고, 선이 깔끔하게 표현되기 때문입니다. 채색과 바니시 처리를 마쳤을 때도 표면이 거칠고 울퉁불퉁한 것보다는 매끈한 편이 훨씬 보기 좋아요. 그러니 조약돌을 고를 때는 표면이 너무 거친 것은 피해 주세요. 하지만 모든 규칙에는 예외가 있는 법이에요. 표면이 거칠고 질감이 독특한 조약돌은 잘 닦아서 바니시만 칠해 놓아도 그 자체로 멋진 작품이 될 수 있습니다. 완벽한 조약돌을 찾기 위해 알아 두어야 할 사항들은 21쪽에 소개한 예시를 통해 더 자세히 살펴보겠습니다.

그럼 조약돌에 생명을 불어넣어 볼까요?

자, 이제 원하는 조약돌을 찾았습니다. 어떤 그림을 그려야 할지 막막한가요? 선택한 조약돌의 크기가 작다면 촉이 가는 마커 펜을 활용해서 섬세하고 아름다운 선이나 패턴을 그려 넣어 보세요. 아크릴 물감으로 표면을 채색한 다음, 마커 펜이나 가는 붓으로 디테일을 더하는 것도 좋습니다. 선명한 윤곽선은 조약돌 작품에 잘 어울린답니다. 채색 후 선과 무늬를 더하고, 음영을 넣어 주면 작품이 한층 돋보일 거예요. 검은색 조약돌에 흰색 물감이나 마커 펜을 사용하면 멋진 효과를 낼 수 있어요.

조약돌에 그림을 그리는 작업이 어렵게 느껴질 수도 있습니다. 그림을 그려 본 경험이 전혀 없다면 더욱 그럴 수 있어요. 하지만 이제부터 제가 안내하는 대로 차근차근 따라 하다 보면, 금방 조약돌 아트에 익숙해질 거예요. 조약돌 아트라는 단순하고도 멋진 예술은 새로운 영감의 세계랍니다. 여러분의 집에도 인생에도 아이디어와 창의력을 불어넣어 줄 거예요.

암석에 대해 알아봅시다

화성암

지구 깊은 곳에서 암석이 녹아 액체화된 것을 마그마라고 합니다. 화성암은 이 마그마가 식어 다시 고체로 변하면서 생성됩니다. 마그마가 식는 과정에서 광물 입자들은 다른 성분과 자유롭게 결합하는데, 식는 속도가 느릴수록 결합할 시간이 많아서 결정의 크기가 더 커진답니다. 화성암에는 현무암과 화강암, 부석 등이 있습니다.

퇴적암

퇴적암은 보다 긴 세월에 걸쳐 자연적인 방식으로 생성됩니다. 주로 물속이나 물가에서 찾아볼 수 있는 퇴적암은 기존 암석의 풍화로 만들어지는데, 풍화된 암석 조각에는 동물의 사체나 식물의 파편 같은 유기 물질이 섞이기도 합니다. 암석 조각과 유기 물질은 함께 침전되어 퇴적층을 이루고, 그 위에 또 다른 층이 쌓이기를 반복하며 다져져 퇴적암이 만들어집니다. 퇴적암에는 사암과 백악, 석회암과 규질암 등이 있습니다.

변성암

변성암은 기존의 암석이 높은 온도나 압력에 노출되었을 때 생성됩니다. 암석은 지각판의 운동으로 땅속으로 밀려들어 가 강한 압력을 받기도 하고, 마그마와의 접촉으로 초고온에 노출되기도 합니다. 이런 경우 암석 자체가 녹기보다는 암석을 이루는 광물이 화학적 변화를 겪게 되고, 그 과정에서 결정이 층을 이루며 다시 배열됩니다. 변성암에는 점판암과 대리석 등이 있습니다.

조약돌 사냥을 떠나 볼까요? • 21

완벽한 조약돌

완벽한 돌을 찾고자 할 때 꼭 기억해야 할
사항들을 알려 드릴게요.

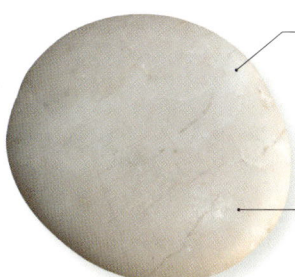

표면이 되도록 매끈한 것을 고르세요.
표면에 튀어나온 곳이 있으면 구상한 그림을 그릴 때 방해가 되기 쉽습니다. 물감을 사용할 때는 큰 문제가 되지 않을 수도 있지만, 마커 펜은 사용이 어려울 수 있어요.

어느 면이 더 나은지 살펴보세요.
한쪽 면에만 그림을 그릴 생각이라면 돌을 이리저리 잘 살펴보고 가장 그리기 좋은 면을 선택하세요. 대부분은 요철이 적고 표면이 더 고른 면이 있답니다.

장신구를 만들려고 하나요?
그렇다면 표면이 매끈하고 작은 조약돌이 좋습니다. 장신구나 브로치, 자석 등을 만드는 데는 작고 가벼운 조약돌이 적합합니다.

서로 어울리는 조약돌을 찾아보세요.
조약돌 중에는 같이 놓았을 때 유난히 잘 어울리는 것들이 있답니다. 서로 어울리는 돌을 발견했다면 동물 가족이나 무당벌레 친구들같이 돌 여러 개를 함께 사용하는 작품을 만들어 보세요.

형태가 특이한 조약돌도 과감하게 선택해 보세요.
가끔은 이런 돌이 생각지도 못한 아이디어로 이어지기도 합니다. 독특하게 생긴 돌이 최고의 영감을 불러일으키기도 하거든요.

구상하는 작품에 맞는 형태를 찾으세요.
그리고자 하는 그림에 잘 맞아떨어지는 형태를 지닌 돌을 찾으면 작품을 한결 쉽게 만들 수 있습니다.

무채색 작품을 원하나요?
그렇다면 검은색이나 어두운색의 조약돌을 찾아보세요. 자연적인 질감을 살린 어두운 조약돌에 흰색으로 그림을 그리면 아름다운 작품이 된답니다. 배경을 따로 칠할 필요가 없는 것도 장점이에요.

큰 작품에는 큰 조약돌을 찾으세요.
몸집이 큰 곰이나 거대한 물고기를 그리려면 큼직한 조약돌이 필요합니다. 안정감 있고 묵직하면서도 울퉁불퉁하지 않은 조약돌로 골라 보세요.

세워지는 돌인가요?
바닥에 세우는 작품을 만들려면 우선 선택한 조약돌이 바닥에 잘 세워지는지 살펴보세요. 세워지는 돌은 드문 편이니 혹시 찾는다면 잘 활용하세요.

필요한 도구

아래 소개된 도구는 크게 필수 도구와 기타 도구로 나뉩니다. 필수 도구는 조약돌 채색과 장식에 반드시 필요하며, 기타 도구는 완성된 조약돌 작품을 장난감과 장신구, 집 안이나 정원에 두는 장식물로 활용하고자 할 때 부가적으로 필요합니다.

필수 도구

❶ 미술용 붓
붓은 다양한 크기로 구비하는 것이 좋습니다. 윤곽선을 그리거나 디테일을 표현할 때는 가는 붓이, 조약돌 전체를 채색할 때는 넓은 붓이 필요하기 때문입니다. 좋은 작품을 만들기 위해서는 질 좋은 붓을 사용하고, 붓을 잘 관리하는 것이 중요합니다.

❷ 마커 펜
마커 펜은 다양한 색깔로 출시되어 있으며, 그림의 윤곽선을 그리거나 세부적인 부분을 표현할 때 사용합니다. 금색이나 은색 마커 펜을 활용하면 조약돌 그림에 반짝이는 효과를 줄 수 있습니다.

❸ 파인라이너
작은 조약돌에 세밀한 무늬를 그릴 때는 붓보다는 촉이 가는 펜인 파인라이너를 사용하면 편리합니다. 단, 물에 지워지지 않는 제품을 써야 합니다. 물감으로 채색한 표면에 파인라이너를 사용할 때는 물감이 완전히 말랐는지 꼭 확인해 주세요.

❹ 흰색 분필/연필
조약돌을 어떻게 꾸밀지 정했다면 바로 채색에 들어가기 보다는 밑그림을 먼저 그리는 것이 좋습니다. 분필과 연필은 밑그림을 그릴 때 유용한데 어두운색 돌에는 분필로, 밝은색 돌에는 연필로 그립니다. 채색을 마친 후 남아 있는 분필 선이나 연필 선은 손으로 문질러 쉽게 지울 수 있습니다. 연필은 밑그림을 그릴 때 외에도 새의 날개나 강아지의 눈 등 음영을 더하고 싶은 부분의 언저리에 사용합니다.

❺ 바니시
채색 후 조약돌 표면에 바니시를 발라 주면 작품의 색감이 살아납니다. 바니시는 물감이 갈라지거나 떨어져 나가는 것을 막는 중요한 역할도 합니다.

❻ 아크릴 물감
아크릴 물감은 조약돌 채색에 가장 적합한 물감으로 다양한 색깔로 출시되어 있습니다. 우선은 빨간색, 노란색, 파란색인 세 가지 원색과 흰색, 검은색만 구입한 다음, 물감을 적절히 혼합하며 원하는 색깔을 만들어 보기를 권합니다. 아크릴 물감은 가격이 저렴한 편으로 대부분의 미술 용품점에서 구매할 수 있습니다.

❼ 튜브형 라이너 물감
유리와 도자기, 돌 등 다양한 바탕에 윤곽선을 그릴 때 주로 사용하는 특수 물감입니다. 이 물감으로는 볼록 튀어나온 도톰한 선을 그릴 수 있으며, 검은색 외에도 다양한 색깔이 있습니다. 눈을 그려 넣거나 물방울무늬를 그릴 때 유용하고, 조약돌 작품 표면에 질감을 더할 수 있습니다.

❽ 팔레트
물감을 섞어서 원하는 색깔을 만들 때는 플라스틱 접시 등을 팔레트로 사용합니다.

물
물감을 다른 색으로 바꿀 때 붓을 씻을 수 있도록 컵에 물을 담아 준비해 두면 좋습니다.

물에 적신 천
조약돌을 깨끗하게 닦는 데 사용합니다.

키친타월
손이나 붓, 또는 조약돌에 잘못 묻은 물감을 닦아 낼 때 사용합니다. 작업 중 지저분해진 주변을 닦을 때도 유용합니다.

헤어드라이어
물감을 더 빨리 말리고 싶을 때는 헤어드라이어를 사용하면 좋습니다.

기타 도구

❾ PVA 접착제와 순간접착제
조약돌에 눈알 장식이나 브로치 핀, 직물로 된 부자재 등을 붙일 때 사용하고, 큰 조약돌에 작은 조약돌을 붙일 때도 활용합니다.

스펀지
동물 작품을 만들 때는 무늬와 질감의 표현이 중요합니다. 스펀지에 다양한 물감을 묻혀 여러 겹으로 찍어 내면 조약돌 표면에 흥미로운 질감을 표현할 수 있습니다.

브로치 핀
완성된 조약돌 작품을 브로치나 장식 핀으로 사용하고 싶다면 공예품 상점이나 액세서리 부자재 상점에서 브로치 핀을 구매하여 활용할 수 있습니다. 브로치 핀을 붙일 때는 우선 두꺼운 펠트 천을 작은 직사각형 모양으로 잘라 핀에 꿰매어 고정한 다음, 펠트 천에 순간접착제를 발라 조약돌 뒷면에 단단히 붙이면 효과적입니다.

❿ 체인/끈
작은 조약돌에 좋아하는 동물을 그려 목걸이의 펜던트로 활용할 수 있습니다. 목걸이를 만들기 위해서는 목걸이 줄로 쓸 체인이나 끈 등이 필요합니다.

준비하기

조약돌을 고른 다음, 가장 처음 할 일은 세제와 물에 적신 천으로 깨끗하게 닦는 것입니다. 돌을 잘 닦은 후에는 형태를 자세히 살피며 구상한 그림을 어떻게 배치하면 좋을지 생각해 봅니다.

아이디어 스케치하기

채색 전에는 먼저 밑그림을 그려 줍니다. 예술가들도 대부분 밑그림을 그린 후 채색 작업에 들어가지요. 조약돌 작품을 만들 때도 먼저 스케치를 하면 나중에 채색을 어떻게 진행할지 대략적인 계획을 세울 수 있습니다.

공책이나 종이에 스케치를 했다면 옆에 두고 참고하며 조약돌을 채색하세요. 또한 연필이나 분필로 조약돌 위에 직접 밑그림을 그리는 방법도 있습니다. 조약돌이 흰색이나 밝은색이라면 연필을 사용하면 되는데, 나중에 연필 선이 남지 않도록 흐릿하게 그려 줍니다. 조약돌이 어두운색이라면 분필을 쓰면 됩니다. 분필의 장점은 혹시 잘못 그리더라도 손으로 문질러 지우고 다시 그릴 수 있다는 것입니다.

밑그림 단계에서 작품의 모든 부분을 구체적으로 그릴 필요는 없습니다. 목적은 전체적인 도안의 비율을 가늠하고 조약돌 위의 공간을 어떻게 활용할지 계획하는 것이니까요. 밑그림 단계에서는 조약돌의 뒷면이나 옆면도 함께 활용할지, 형태와 선을 어떻게 배열할지를 생각해 보면 됩니다. 세세한 부분에 너무 신경 쓰지 말고 원하는 동물 그림의 기본적인 형태만 그려 보세요. 그런 다음 채색을 시작하면 새로운 아이디어가 자연스럽게 떠오를 겁니다. 자신만의 디자인을 스케치하고 싶다면 아래 소개한 요령을 읽어 보세요. 자신감이 충분히 붙은 후에는 밑그림을 건너뛰고 과감하게 붓을 들어 창작을 시작해 봐도 좋습니다.

종이에 스케치하기

원하는 디자인을 빠르고 간단하게 스케치해 보세요. 너무 세세한 부분까지 그릴 필요는 없지만, 원한다면 전체를 그려도 좋습니다. 종이에 스케치를 마쳤다면 조약돌 작품을 만들 때 옆에 두고 참고하세요.

어두운색 조약돌에 스케치하기

기본적인 형태에 집중하며 분필로 스케치합니다. 수정할 부분이 있다면 손가락으로 쓱쓱 문질러 지우고 다시 그리면 됩니다. 정말 쉽죠?

밝은색 조약돌에 스케치하기

조약돌이 밝은색이라면 연필을 사용해서 흐릿한 선으로 스케치합니다. 너무 진하게 그리면 채색을 마친 후에도 연필 선이 보일 수 있으니 조심하세요.

마무리하기

채색을 마친 뒤에는 음영을 더해 작품을 더 돋보이게 할 수도 있고, 바니시를 칠해 물감을 보호하고 광택을 입힐 수도 있습니다.

윤곽선과 음영 넣기

그림을 더 사실적으로 표현하고 싶다면, 채색을 마친 다음에 음영을 넣어 주면 좋습니다. 음영을 넣을 때는 연필이나 펜, 혹은 배경색보다 밝거나 어두운 톤의 물감을 사용합니다. 그림을 그려 본 경험이 있다면 좀 더 쉽게 음영을 표현할 수 있을 것입니다.

바니시 칠하기

채색을 마친 후에 바니시를 한 겹 발라 주면 색깔이 더욱 선명하게 살아납니다. 바니시는 조약돌을 보호하고 물감이 벗겨지는 것을 막아 줍니다. 바니시는 광택에 따라 무광과 반광, 유광으로 나뉘는데, 모두 표면을 보호하는 역할을 하지만 마무리 효과는 다릅니다. 유광 바니시를 칠하면 조약돌 표면이 반짝이게 되므로 지나친 광택이 싫다면 무광 바니시를 사용하세요. 바니시는 도포 방법에 따라 액체형과 분무형으로도 나뉩니다. 개인적으로는 쉽고 빠르게 모든 면에 바니시를 도포할 수 있는 분무형 바니시를 추천합니다. 액체형을 사용한다면 넓은 붓으로 고르게 바르고, 사용한 붓은 반드시 잘 세척해 주세요.

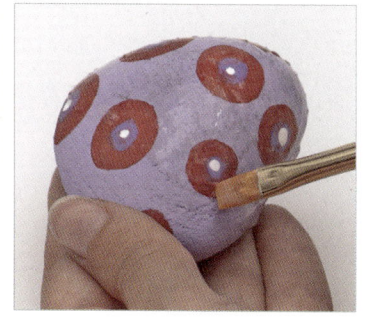

액체형 바니시 사용하기

채색을 마치고 물감이 모두 마르면 우선 한쪽 면에 바니시를 바릅니다. 바니시를 바른 면이 다 마르면 조약돌을 뒤집어 나머지 면에도 바니시 작업을 합니다.(헤어드라이어를 사용하면 건조 시간을 줄일 수 있어요.)

분무형 바니시 사용하기

먼저 한쪽 면에 바니시를 뿌리고, 뒤집어서 나머지 면에도 뿌립니다. 옆면을 포함한 모든 면에 빠짐없이 도포되었는지 확인하세요.

2 작품 만들기

붕붕 꿀벌

평범한 조약돌도 붓질 몇 번이면 금세 귀여운 꿀벌 친구들로 변신한답니다. 날개 부분을 칠하는 작업이 조금 까다로울 수 있지만, 예쁜 날개는 멋진 포인트가 되어 줄 거예요.

준비물

- 둥근 조약돌
- 물에 적신 천
- 연필 또는 분필
- 붓
- 촉이 가는 검은색 펜
- 아크릴 물감 : 노란색, 검은색, 흰색, 빨간색
- 바니시

붕붕 꿀벌 ● 29

1 둥그스름한 조약돌을 준비합니다. 물에 적신 천으로 깨끗하게 닦습니다.

2 노란색 물감으로 조약돌 전체를 칠합니다. 색을 더 진하게 표현하고 싶다면, 물감이 다 마른 후에 한 번 덧칠합니다.

3 연필이나 분필로 살짝 굽은 곡선 네 개를 그립니다. 왼쪽 끝에는 꿀벌의 얼굴을 그려야 하니 자리를 조금 넉넉히 남겨 두세요. 얼굴 모양이 잘 표현되도록 첫 번째 곡선 가운데쯤에 작은 삼각형을 그려 넣습니다.

4 삼각형을 포함한 첫 번째 띠와 세 번째 띠를 검은색 물감으로 채웁니다.

5 흰색 물감으로 눈과 날개의 윤곽을 그립니다. 윤곽선을 그린 다음, 날개를 채울 때는 투명한 느낌이 나도록 옅게 칠합니다.

6 검은색 펜으로 꿀벌의 눈에 눈동자를 그려 넣고, 눈썹도 그립니다. 살짝 웃는 입을 그린 다음, 날개에 무늬를 그려 주세요.

붕붕 윙윙

7 더 귀여운 표정이 되도록 빨간색 물감으로 점을 콕콕 찍어 두 뺨을 발그레하게 만들어 주세요. 흰색 물감으로 검은색 띠에 음영을 표현합니다. 물감이 다 마르면 표면에 바니시를 발라 마무리합니다.

배고픈 판다

둥그스름하고 큼지막한 조약돌에 흰색과 검은색으로 귀여운 판다를 그려 보면 어떨까요? 판다는 조약돌 위에 그리기 참 좋은 동물이랍니다. 흰색과 검은색 두 가지 물감만 있으면 준비 완료예요. 판다가 배고플 때 먹을 수 있도록 대나무잎을 함께 그려 줘도 좋아요.

준비물
- 큰 원형 또는 타원형 조약돌
- 물에 적신 천
- 연필
- 붓
- 촉이 가는 검은색 펜
- 아크릴 물감 : 흰색, 검은색, 녹색, 노란색
- 바니시

배고픈 판다 ● 31

1 큰 원형이나 타원형의 조약돌을 준비합니다. 물에 적신 천으로 깨끗하게 닦습니다.

2 조약돌 표면 전체를 흰색 물감으로 두 번 칠합니다. 덧칠은 처음 칠한 물감이 완전히 마른 후에 해 주세요.

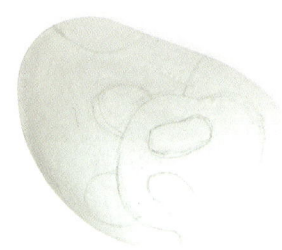

3 연필로 얼굴의 윤곽을 대략적으로 그립니다. 둥그스름한 귀와 눈 주위에 살짝 굽은 둥근 무늬도 그려 주세요. 준비한 조약돌의 모양이나 크기에 따라 앞발을 살짝 추가해도 좋습니다.

4 검은색 물감으로 판다의 몸과 귀, 눈 주위 무늬와 앞발을 칠합니다. 코와 입을 그려 넣고, 얼굴의 윤곽선을 덧그립니다.

5 눈 주위의 검은색 무늬 위에 흰색 물감으로 눈을 그리고, 그 안에 검은색 펜으로 눈동자를 찍어 주세요.

6 마지막으로 판다가 배고플 때 먹을 수 있도록 입 가까이에 녹색과 노란색 물감으로 대나무잎을 그립니다. 물감이 다 마르면 표면에 바니시를 발라 마무리합니다.

다람쥐의 탐스러운
꼬리를 제대로 표현하려면
옆모습을 그려 봐.

숲속 친구들

부끄러움을 많이 타고 날쌘 숲속 친구들이지만,
조약돌 위에 그리면 호주머니에 쏙 넣고 다닐 수 있어요.

변신의 귀재 카멜레온

어떤 배경에도 감쪽같이 녹아드는 카멜레온은 아름다운 색깔과 생김새, 독특한 질감을 뽐내는 동물이에요. 조약돌 위에 그려 놓으면 정말 멋지답니다.

준비물
- 크고 둥글며 울퉁불퉁한 부분이 있는 조약돌
- 물에 적신 천
- 연필
- 붓
- 촉이 가는 검은색 펜
- 아크릴 물감 : 녹색, 진녹색, 흰색, 노란색
- 바니시

변신의 귀재 카멜레온 ● 35

1 크고 둥글며 울퉁불퉁한 부분이 있는 조약돌을 준비합니다. 물에 적신 천으로 깨끗하게 닦은 후, 연필로 카멜레온이 돌에 붙어 있는 듯한 모습을 스케치합니다.

2 녹색 물감으로 카멜레온의 몸 전체를 칠합니다. 그 다음에는 몸 색깔보다 조금 어두운 진녹색 물감으로 눈 부분을 동그랗게 칠해 주세요.

3 가는 붓으로 카멜레온의 몸 전체에 흰색 점을 골고루 찍어 주세요.

4 진녹색 물감으로 몸 곳곳에 점을 찍고, 필요한 곳에 음영을 넣습니다. 그런 다음 눈과 얼굴의 선도 진녹색으로 덧그립니다.

5 이번에는 촉이 가는 검은색 펜으로 몸 전체의 윤곽선을 덧그립니다. 돌돌 말린 꼬리와 눈의 윤곽도 잊지 마세요. 입을 그린 후에는 눈 주위와 다리 주변에 입체감을 살리기 위한 선을 몇 개 넣습니다.

6 피부의 질감이 더 생생하게 표현되도록 흰색과 진녹색 반점 위로 노란색 반점을 찍어 주세요. 연필로 윤곽선 안쪽과 바깥쪽에 모두 음영을 넣으면 카멜레온이 조약돌 위에 올라앉아 있는 듯한 입체감이 더해집니다. 작업이 끝나면 채색과 음영이 지워지지 않도록 바니시를 발라 마무리합니다.

비슷한 방법으로 왼쪽 위의 작품처럼 익살스런 도마뱀도 그릴 수 있어요. 녹색과 주황색 물감으로 칠하고 연필로 음영을 그려 넣으면 도마뱀의 질감을 표현할 수 있답니다.

하늘을 수놓는 잠자리

고운 날개로 생기 넘치게 날아다니는 잠자리는 쉽게 그릴 수 있는 곤충 중 하나입니다. 잠자리 조약돌은 정원에 두기에도 근사하고, 화분에 올려 두어도 예쁘답니다. 배경과의 대비를 살리기 위해 조약돌의 자연적인 색깔과 질감을 그대로 활용해 보세요.

준비물
- 납작한 타원형 조약돌
- 물에 적신 천
- 분필
- 붓
- 연필
- 촉이 가는 검은색 펜
- 아크릴 물감 : 연한 청록색, 흰색
- 바니시

하늘을 수놓는 잠자리 ● 37

1 납작한 타원형의 조약돌을 준비하여 물에 적신 천으로 깨끗하게 닦습니다. 분필로 잠자리의 몸통을 곡선으로 그린 후, 타원형의 날개 두 쌍을 그립니다.

2 몸통의 곡선을 따라 연한 청록색 물감으로 동그라미 열 개를 나란히 그립니다. 머리가 될 첫 번째 동그라미는 조금 크게 그려 주세요.

3 날개 두 쌍을 흰색 물감으로 옅게 칠합니다.

4 검은색 펜이나 물감으로 날개에 가느다란 선을 그어 무늬를 표현합니다. 머리 부분에도 검은색 점 두 개를 찍어 눈을 만들어 주세요.

5 연필로 몸통 한쪽 면과 날개 주변에 음영을 표현합니다. 연필 선이 번지지 않게 주의해 주세요. 작업이 끝나면 채색과 음영이 지워지지 않도록 바니시를 발라 마무리합니다.

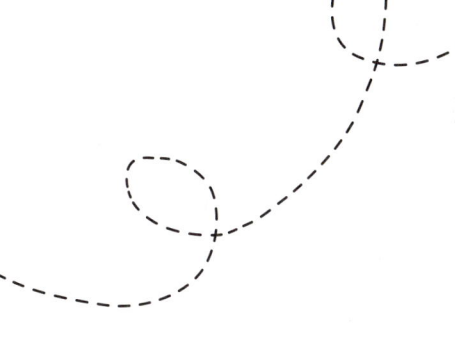

왼쪽 아래의 작품처럼 조약돌 바탕에 나뭇잎을 그려 주면 잠자리가 나뭇잎에 사뿐 내려앉은 모습을 표현할 수 있습니다.

조약돌 아트 ROCK ART

영리한 코끼리

코끼리는 지구상에서 몸집이 가장 큰 포유류 중 하나입니다.
하지만 호주머니에 쏙 들어가는 작은 돌 위에도
커다란 코끼리를 그릴 수 있답니다.
특유의 긴 코와 커다란 귀도 빼놓지 않고 말이죠.

준비물
- 크고 긴 조약돌
- 물에 적신 천
- 연필
- 붓
- 진회색 마커 펜
- 촉이 가는 검은색 펜
- 아크릴 물감 : 연회색, 회색, 진회색, 분홍색, 흰색
- 바니시

영리한 코끼리 ● 39

1 크고 긴 모양의 조약돌을 준비하여 물에 적신 천으로 깨끗하게 닦습니다. 회색 물감으로 조약돌 전체를 칠한 다음, 코끼리의 귀와 코, 상아, 눈 등 얼굴 부분을 대략적으로 스케치합니다. 귀는 머리나 코보다 훨씬 크게 그려 주세요.

2 진회색 물감이나 마커 펜으로 밑그림의 윤곽선을 덧그리고, 코에는 선을 여러 개 그려 주름을 잡아 줍니다.

3 연회색 물감으로 눈을 칠하고, 귀와 코에 음영을 표현합니다.

4 양쪽 귀에 분홍색 물감을 가볍게 칠하고, 두 뺨에는 분홍색 점을 찍어 홍조를 더합니다.

5 진회색 물감으로 귀 바깥쪽을 칠하고, 머리 윗부분에 음영을 더합니다.

6 검은색 펜으로 눈동자를 찍어 주세요. 흰색 물감으로 상아를 표현하고, 귓바퀴에도 선을 그려 넣습니다. 물감이 다 마르면 표면에 바니시를 발라 마무리합니다.

개굴개굴 개구리

개구리는 물가에 살며 곤충을 잡아먹는 양서류예요.
녹색과 갈색의 귀여운 개구리 친구들도 조약돌에 그리기 좋은
동물이랍니다. 눈의 특징을 잘 표현하고 다양한 색깔의 반점으로
피부를 장식하면, 누가 봐도 멋진 개구리가 완성될 거예요.

준비물

- 둥근 조약돌
- 물에 적신 천
- 분필
- 붓
- 촉이 가는 검은색 펜
- 아크릴 물감 : 녹색, 진녹색, 노란색, 주황색, 검은색, 흰색
- 바니시

개구리만큼 색깔이 화려하지는 않지만, 다양한 톤의 갈색 물감을 활용해서 오른쪽 아래에 있는 두꺼비를 그려 봐도 좋습니다.

개굴개굴 개구리 ● 41

1 동그란 모양의 조약돌을 준비하여 물에 적신 천으로 깨끗하게 닦습니다.

2 분필로 개구리의 모습을 간략하게 스케치합니다. 앞쪽에는 동그란 눈 한 쌍을 그리고, 양옆으로는 뒷다리가 될 곡선을 두 개 그려 줍니다.

3 개구리의 몸과 다리를 녹색 물감으로 칠합니다. 물감이 마르면 한 번 덧칠합니다.

4 진녹색 물감으로 개구리의 등에 선을 두세 개 그립니다. 다리 윤곽선도 덧그린 다음, 윤곽선 안쪽으로 약간의 음영을 더합니다. 양쪽 뺨에도 진녹색 물감으로 짧은 선을 그려 넣고, 눈 앞쪽에 콧구멍도 두 개 찍어 주세요.

5 개구리의 눈을 노란색 물감으로 칠하고, 몸 전체에 노란색 반점을 골고루 찍어 장식합니다.

6 눈의 윤곽선을 주황색 물감으로 덧그리고, 노란색 반점에도 몇 개만 주황색 윤곽선을 더해 주세요.

7 검은색 물감이나 펜으로 눈의 윤곽선을 덧그린 뒤, 타원형의 눈동자를 그려 넣습니다. 몸에 검은색 반점을 찍어 준 다음, 씩 웃는 입도 그려 주세요. 마지막으로 눈에 흰색 점을 찍어 입체감을 더하고, 물감이 다 마르면 표면에 바니시를 발라 마무리합니다.

농장 친구들

농장에는 조약돌 작품의 소재가 되어 줄 만한 친구들이 많이 있어요. 좋아하는 동물을 골라서 조약돌을 꾸며 봅시다. 한 가지 동물만 고르기 힘들다면 다양한 모양과 크기의 조약돌을 준비해서 나만의 농장을 만들어 보세요.

얼굴을 정면으로 그리면 뿔을 두 개 모두 그릴 수 있지. 이렇게 하면 누구나 쉽게 내가 영소라는 것을 알아볼 거야.

하늘하늘 해파리

해파리는 색깔도 형태도 다양한 바닷속 연체동물이죠. 심지어 빛을 내는 형광 해파리도 있답니다. 상상력을 최대한 발휘해서 조약돌에 해파리를 멋지게 꾸며 보세요. 금색이나 은색, 또는 반짝이 가루를 활용해서 해파리의 광채를 강조해 줘도 좋답니다.

준비물

- 둥근 조약돌
- 물에 적신 천
- 연필 또는 분필
- 붓
- 촉이 가는 검은색 펜
- 금색 또는 은색 마커 펜
- 아크릴 물감 : 연옥색, 빨간색, 파란색, 흰색
- 바니시

하늘하늘 해파리 ● 45

1 둥근 조약돌을 준비하여 물에 적신 천으로 깨끗하게 닦습니다. 조약돌 전체를 연옥색 물감으로 칠합니다.

2 조약돌 위쪽에 우산 모양으로 해파리 갓을 스케치하고, 그 아래로 구불구불한 다리를 그려 주세요.

3 빨간색과 파란색 물감으로 갓 부분을 칠한 다음, 멋지게 꾸며 줍니다.

4 금색이나 은색 마커 펜으로 해파리의 다리를 덧그립니다. 은색 마커 펜으로 갓 부분에 짧은 선을 그어 장식을 더해도 좋습니다.

5 검은색 펜으로 해파리의 몸체와 다리의 선을 진하게 표현합니다. 해파리가 바닷속을 유영하는 듯 보이도록 배경에 흰색과 파란색 물감으로 공기 방울을 그려 주세요. 물감이 다 마르면 표면에 바니시를 발라 마무리합니다.

조약돌 여러 개를 사용해서 합체가 가능한 커다란 괴물 해파리를 만들어 보면 어떨까요?

까불까불 원숭이

이번에 그려 볼 친구는 늘 활기가 넘치는 영장류 친구인 원숭이입니다. 배경에 정글의 숲이나 바나나 한 송이를 그려 주면 원숭이가 정말 좋아할 거예요.

준비물
- 둥글고 납작한 조약돌
- 물에 적신 천
- 연필 또는 분필
- 붓
- 촉이 가는 검은색 펜
- 아크릴 물감 : 연갈색, 갈색, 진갈색, 녹색
- 바니시

까불까불 원숭이 ● 47

1 둥글고 납작한 조약돌을 준비합니다. 물에 적신 천으로 깨끗하게 닦은 후, 연필이나 분필로 원숭이의 얼굴을 스케치합니다.

2 연갈색 물감으로 얼굴과 귀 부분을 칠합니다.

3 그 다음 나머지 부분을 갈색 물감으로 칠해 주세요.

4 진갈색 물감으로 눈과 코, 입을 그려 주고, 얼굴의 윤곽선을 덧그립니다.

5 갈색 물감으로 한쪽 어깨 너머로 둥글게 말린 꼬리를 그려 주세요. 검은색 펜으로 꼬리와 몸, 얼굴 윤곽선을 덧그립니다.

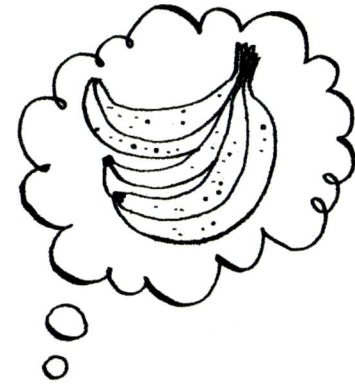

6 정글에서 나무를 타며 놀고 있는 것처럼 표현하고 싶다면 배경에 여러 톤의 녹색 물감으로 점을 찍어 숲을 만들어 주세요. 물감이 다 마르면 표면에 바니시를 발라 마무리합니다.

형형색색 앵무새

이번에는 형형색색의 깃털을 뽐내는 요란스러운 앵무새 친구를 만들어 봅시다. 화려한 깃털이 아름다운 앵무새의 몸통을 잘 표현하기 위해서는 아래로 갈수록 넓어지는 길쭉한 삼각형의 조약돌을 사용하는 것이 좋아요.

준비물

- 길고 납작한 삼각형 조약돌
- 물에 적신 천
- 연필 또는 분필
- 붓
- 촉이 가는 검은색 펜
- 아크릴 물감 : 빨간색, 흰색, 녹색, 파란색
- 바니시

형형색색 앵무새 ● 49

1 준비한 조약돌을 물에 적신 천으로 깨끗하게 닦은 후, 몸통과 날개, 머리, 눈, 부리를 대략적으로 스케치합니다. 스케치를 한 다음 각각의 면에 나중에 칠할 색깔을 미리 적어 두면 좋습니다.

2 머리와 날개 일부, 그리고 몸통 대부분을 빨간색 물감으로 칠합니다. 얼굴과 부리 반쪽은 흰색 물감으로 칠합니다.

3 날개 중간 부분은 녹색 물감으로 칠하고, 날개 끝 부분과 몸통 뒤쪽의 꼬리 부분은 파란색 물감으로 칠합니다.

4 촉이 가는 검은색 펜으로 부리의 나머지 반쪽을 칠하고, 몸통과 날개, 꼬리 부분에 U자 모양을 빽빽하게 그려 넣어 깃털을 표현해 줍니다.

5 검은색 펜으로 날개와 얼굴의 윤곽선을 진하게 덧그립니다. 동그란 눈 한 쌍을 그린 다음, 흰색 얼굴에 작은 점을 콕콕 찍어 사실적인 느낌을 더해 줍니다. 표면이 모두 마르면 바니시를 발라 마무리합니다.

폭신폭신 양 떼

양은 그리기 쉬운 동물 중 하나입니다. 색깔도 흰색과 검은색 두 가지면 충분하죠. 구름 모양의 몸통에 검은색 물감으로 앞다리와 뒷다리를 그린 후, 타원형의 얼굴에 귀 한 쌍만 그려 주면 완성이랍니다. 기본적인 양을 그린 다음, 특징을 조금씩 달리 표현하면 다양한 모습을 만들 수 있어요.

양 그리기는 정말 쉬워. 여러 마리도 금세 뚝딱 그릴 수 있지.

뒤뚱뒤뚱 펭귄

턱시도를 말쑥하게 차려입은 펭귄은 날지 못하는 새랍니다.
함께 어울려 사는 것을 좋아하는 사회성 강한 동물이에요.
펭귄은 그리기도 간단할뿐더러 흰색과 검은색, 주황색만으로
쉽게 표현할 수 있어요. 예쁜 목도리를 둘러 주거나
부리에 생선을 물려 준다면 한층 익살스럽고 귀여운
펭귄의 모습을 연출할 수 있겠죠?

준비물
- 세워지는 타원형 조약돌
- 물에 적신 천
- 분필
- 붓
- 촉이 가는 검은색 펜
- 아크릴 물감 : 흰색, 검은색, 주황색, 파란색
- 바니시

펭귄은 함께 어울리는 것을
좋아하는 동물이랍니다.
조약돌 하나에 펭귄 두 마리를
함께 그려 보면 어떨까요?
발랄한 느낌이 나도록 멋진
목도리를 둘러 줘도 재미있을 거예요.

뒤뚱뒤뚱 펭귄 ● 53

1 바닥에 세울 수 있는 타원형의 조약돌을 준비합니다. 아래로 갈수록 넓어지는 모양이면 더 좋습니다. 물에 적신 천으로 깨끗하게 닦은 후, 분필로 동그란 모양의 배를 그려 주세요.

2 흰색 물감으로 배의 윤곽선을 덧그리고, 안쪽을 칠합니다.

3 나머지 부분을 검은색 물감으로 칠하고, 흰색 물감으로 동그란 눈을 한 쌍 그립니다.

4 배 양옆으로 흰색 선을 하나씩 그려 작은 날개를 표현합니다. 검은색 물감이나 펜으로 눈동자를 콕콕 찍어 주세요.

5 주황색 물감으로 배 아랫부분에 V자 모양의 발 한 쌍을 그린 다음, 눈 아래에 삼각형의 부리를 그립니다. 배가 고플지도 모르니 펭귄의 입에 생선 한 마리를 물려 주는 것도 좋겠죠? 물감이 다 마르면 표면에 바니시를 발라 마무리합니다.

사랑스러운 물개

운 좋게도 귀여운 아기 물개로 변신시키기에 딱 좋은 조약돌을 찾았답니다. 길쭉한 조약돌을 찾기 힘들다면 둥근 조약돌에 물개의 머리만 그려 봐도 좋답니다.

준비물
- 좁고 긴 조약돌
- 물에 적신 천
- 분필
- 붓
- 촉이 가는 검은색 펜
- 아크릴 물감 : 연회색, 진회색, 흰색
- 바니시

둥근 조약돌에 물개의 얼굴을 그려 이렇게 바닥에 놓아 보세요. 물개가 수면 위로 머리를 빼꼼 내밀고 있는 것 같지 않나요?

사랑스러운 물개

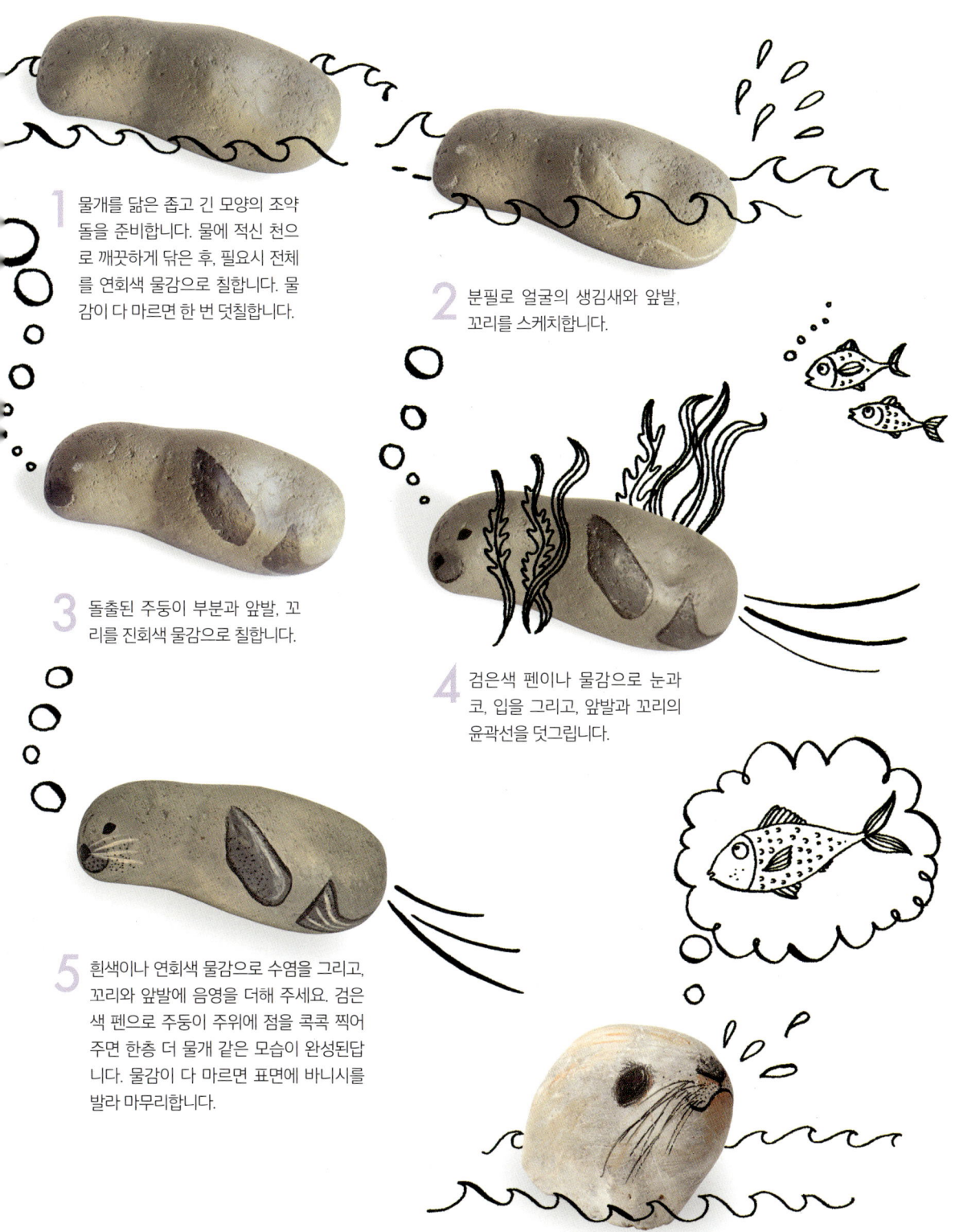

1 물개를 닮은 좁고 긴 모양의 조약돌을 준비합니다. 물에 적신 천으로 깨끗하게 닦은 후, 필요시 전체를 연회색 물감으로 칠합니다. 물감이 다 마르면 한 번 덧칠합니다.

2 분필로 얼굴의 생김새와 앞발, 꼬리를 스케치합니다.

3 돌출된 주둥이 부분과 앞발, 꼬리를 진회색 물감으로 칠합니다.

4 검은색 펜이나 물감으로 눈과 코, 입을 그리고, 앞발과 꼬리의 윤곽선을 덧그립니다.

5 흰색이나 연회색 물감으로 수염을 그리고, 꼬리와 앞발에 음영을 더해 주세요. 검은색 펜으로 주둥이 주위에 점을 콕콕 찍어 주면 한층 더 물개 같은 모습이 완성된답니다. 물감이 다 마르면 표면에 바니시를 발라 마무리합니다.

느림보 달팽이

느릿느릿 달팽이를 그릴 때는 우리도 여유를 가져 보아요.
책에 소개한 대로만 따라 하면 갈색 집을 등에 진
귀여운 달팽이를 누구나 쉽게 그릴 수 있답니다.
더 알록달록하고 개성 있는 달팽이를 원한다면
빨간색과 파란색, 주황색으로 달팽이 집을 꾸며 보세요.

준비물

- 세워지는 타원형 조약돌
- 물에 적신 천
- 분필
- 붓
- 촉이 가는 검은색 펜
- 아크릴 물감 : 연갈색, 황갈색, 진갈색, 흰색, 노란색, 빨간색 (달팽이 집을 더 꾸미고 싶다면, 파란색, 주황색 추가)
- 바니시

꼭 진짜 달팽이처럼 그리지 않아도 괜찮아요.
좋아하는 색을 마음껏 활용해서 예쁘게 꾸며 보세요.
정해진 법칙은 없으며 서두를 필요는 더더욱 없답니다.

느림보 달팽이 ● 57

1 한쪽 바닥이 평편하여 세울 수 있는 타원형의 조약돌을 준비합니다. 물에 적신 천으로 깨끗하게 닦은 후, 머리가 될 부분과 달팽이 집이 될 부분을 정합니다. 달팽이 머리는 연갈색 물감으로 칠하고, 달팽이 집은 황갈색 물감으로 칠해 주세요.

2 진갈색 물감으로 달팽이 집에 나선형의 무늬를 그립니다. 흰색 물감을 사용하여 나선형에 밝은 음영을 더해 줍니다.

3 나선형 무늬를 따라 노란색과 진갈색 점을 찍어 달팽이 집을 장식했어요. 똑같이 따라 할 필요는 없으니 여러분이 원하는 대로 장식해 보세요. 머리를 칠한 색깔과 같은 연갈색으로 이마 위쪽에 더듬이를 그립니다. 검은색 펜으로 빙긋 웃는 입과 눈을 그린 후에는 뺨에 빨간색 물감을 콕 찍어 주세요.

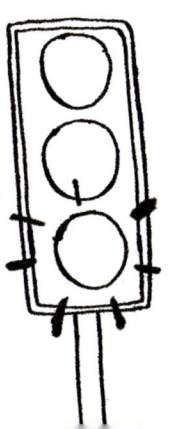

4 물감이 마르면 조약돌을 뒤집어서 반대편에도 똑같은 과정으로 달팽이를 그려 주세요. 물감이 다 마르면 표면에 바니시를 발라 마무리합니다.

훨훨 새와 나비

자유롭게 날아다니는 나비와 새는 아쉽게도 곁에 잡아 두기가
힘들죠. 그렇다면 조약돌 위에 그려 보는 것은 어떨까요?
그렇게 하면 아름다운 나비와 새를 늘 곁에 두고
볼 수 있을 거예요.

아늑한 둥지를 함께 그릴 때는 잔가지의 질감을 살리는 게 중요해.

스르르 뱀

뱀의 피부에 있는 다양한 무늬를 그려 보세요.
동그라미나 네모도 좋고, 지그재그로 그은 선도 좋아요.
상상력을 발휘해서 우리의 파충류 친구를
멋지게 꾸며 봅시다.

준비물

- 둥근 조약돌
- 물에 적신 천
- 연필
- 붓
- 촉이 가는 검은색 펜
- 진회색 마커 펜
- 아크릴 물감 : 연녹색, 진녹색, 주황색, 빨간색
- 바니시

스르르 뱀 ● 61

1 둥근 조약돌을 준비하여 물에 적신 천으로 깨끗하게 닦습니다.

2 조약돌 전체를 연녹색 물감으로 칠합니다.

3 머리를 가운데에 두고, 둥글게 똬리를 튼 뱀의 모습을 조약돌 위에 스케치합니다.

4 뱀의 몸통을 세모 무늬로 장식하고, 주황색과 진녹색 물감으로 번갈아 가며 칠해 줍니다.

5 몸통을 따라 주황색과 진녹색 점을 콕콕 찍어 장식합니다. 촉이 가는 검은색 펜으로 눈을 한 쌍 그리고, 날름거리는 혀도 표현해 주세요.

6 검은색 펜으로 윤곽선을 덧그립니다. 진회색 마커 펜으로 가운데의 빈 부분을 칠하고, 세모 무늬 윤곽선도 덧그려 줍니다. 빨간색 물감으로 혀를 표현하면 훨씬 더 강렬한 인상을 줄 수 있겠죠? 뱀의 질감을 살리면서 깊이감을 더하고 싶다면, 몸통의 굽어진 부분과 머리 주변에 연필로 음영을 더해 주세요. 표면이 모두 마르면 바니시를 발라 마무리합니다.

줄무늬 얼룩말

이번에는 말의 얼굴을 닮은 길쭉한 모양의 조약돌을 골라서 귀여운 얼룩말로 변신시켜 봅시다. 그리기도 정말 쉽고, 검은색과 흰색, 분홍색 물감만 있으면 되니까 간편해요.

준비물

- 긴 조약돌
- 물에 적신 천
- 연필
- 붓
- 촉이 가는 검은색 펜
- 아크릴 물감 : 흰색, 검은색 연분홍색, 진분홍색
- 바니시

줄무늬 얼룩말 • 63

1 긴 조약돌을 준비하여 물에 적신 천으로 깨끗하게 닦습니다. 조약돌 전체를 흰색 물감으로 두 번 칠합니다. 처음 칠한 물감이 완전히 말랐는지 확인한 다음에 덧칠해 주세요.

2 연필을 사용해서 얼굴의 줄무늬와 코, 콧구멍, 뾰족한 귀 한 쌍을 그립니다.

3 검은색 물감으로 콧구멍을 제외한 코 부분을 칠합니다.

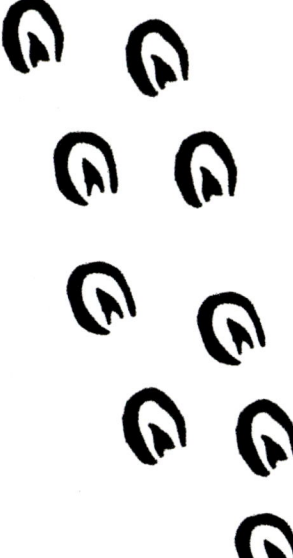

4 검은색 물감으로 줄무늬 안쪽을 칠하고, 귀의 선을 덧그립니다. 붓으로 가는 선을 그리기 힘들다면 검은색 펜을 사용하세요.

5 연분홍색 물감으로 귀 안쪽을 칠하고, 진분홍색 물감으로 뺨에 점을 콕콕 찍어 귀여운 홍조를 더해 주세요. 물감이 다 마르면 표면에 바니시를 발라 마무리합니다.

야옹야옹 고양이

구석진 자리에서 안락하게 몸을 말고 휴식을 즐기는 고양이는 모두에게 사랑받는 반려동물입니다. 조약돌의 자연적인 질감을 잘 활용하면 고양이의 근사한 얼룩무늬를 만들 수 있답니다.

준비물
- 납작한 타원형 조약돌
- 물에 적신 천
- 팔레트
- 스펀지
- 분필
- 붓
- 아크릴 물감 : 갈색, 검은색, 흰색
- 바니시

고개를 빼꼼 내민 고양이의 얼굴에 장난기가 가득하네요.
세울 수 있는 둥그스름한 조약돌을 찾으면
여러분도 한번 장난꾸러기 고양이를 만들어 보세요.

야옹야옹 고양이 ● **65**

1 납작한 타원형의 조약돌을 준비합니다. 물에 적신 천으로 깨끗하게 닦습니다.

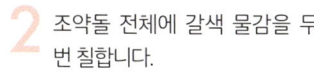

2 조약돌 전체에 갈색 물감을 두 번 칠합니다.

3 팔레트에 갈색과 검은색, 흰색 물감을 짜서 살짝 섞어 줍니다. 이때 색이 완전히 섞이지 않도록 주의하세요. 섞은 물감을 스펀지에 묻혀 조약돌 표면에 얼룩얼룩하게 찍어 줍니다.

5 검은색 물감으로 얼굴과 꼬리의 윤곽선을 덧그립니다.

4 고양이의 얼룩무늬가 잘 표현되었다면, 물감이 마른 다음 분필로 한쪽 끝에 동그란 머리와 뾰족한 귀를 그려 줍니다. 다른 쪽 끝에는 돌돌 말린 꼬리를 그립니다.

6 흰색 물감으로 동그란 눈을 한 쌍 그리고, 귀 안쪽을 삼각형으로 칠합니다. 검은색 물감으로 코와 입을 그리고, 수염도 그려 줍니다. 눈에는 눈동자를 찍어 주세요.

7 팔레트에 섞어 만든 연갈색 물감으로 얼굴과 꼬리를 장식합니다. 물감이 다 마르면 표면에 바니시를 발라 마무리합니다.

바닷속 친구들

깊고 깊은 바닷속에 사는 친구들도 조약돌에 그리면 주머니에 쏙 넣고 다닐 수 있어요. 바닷속 세상에는 우리가 그릴 수 있는 다양한 생물이 살고 있답니다.

멍멍 강아지

흔히 개는 인간의 가장 좋은 친구라고 합니다. 조약돌 그림을 그리는 데 우리의 좋은 친구를 빼놓을 수는 없겠죠? 여기에 소개한 방법으로 개의 머리 부분만 재미있게 그려도 좋고, 더 큼직한 돌을 찾아 전체 모습을 그려 보아도 좋습니다.

준비물
- 세워지는 둥근 조약돌
- 물에 적신 천
- 분필
- 붓
- 촉이 가는 흰색과 검은색 마커 펜
- 촉이 가는 검은색 펜
- 아크릴 물감 : 갈색, 진갈색, 베이지색
- 바니시

독특한 모양의 조약돌을 찾아 나만의 동물로 꾸며 보세요. 왼쪽 아래에 있는 작품은 조약돌 자체의 색깔을 활용하여 털의 무늬를 표현한 경우입니다. 오른쪽 아래의 작품은 돌 전체를 사용하여 맛있는 뼈다귀를 들고 행복해하는 아기 불도그를 표현해 보았어요.

멍멍 강아지 ● 69

1 바닥에 세울 수 있는 둥근 조약돌을 준비합니다. 물에 적신 천으로 깨끗하게 닦습니다.

2 표면 전체에 갈색 물감을 두 번 칠합니다. 물감이 마르면 분필로 축 늘어진 귀 한 쌍과 얼굴을 대략적으로 스케치합니다. 눈과 코를 그릴 자리도 분필로 표시해 주세요.

3 베이지색 물감으로 얼굴 아랫부분을 칠합니다.

4 진갈색 물감으로 눈 아래의 선과 귀 부분의 선을 덧그려 음영과 깊이를 줍니다.

5 검은색 펜으로 눈과 코, 입을 그립니다.

6 늘어진 귀에 갈색 물감으로 짧은 선 무늬를 넣어 털을 표현하고, 눈과 귀 사이는 흰색 마커 펜으로 짧은 선들을 그립니다. 입 주변에는 검은색 마커 펜으로 점을 콕콕 찍어 주세요. 물감이 다 마르면 바니시를 발라 마무리합니다.

조약돌 아트 ROCK ART

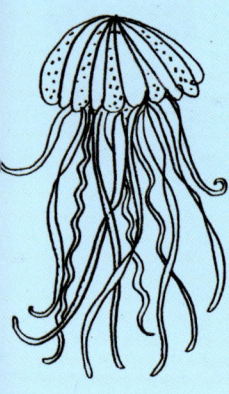

깊은 바다 물고기

다양한 무늬와 색깔을 마음껏 활용하여 멋진 물고기 친구들을 잔뜩 만들어 보면 어떨까요? 통통한 물고기도 날씬한 물고기도 둥그스름한 물고기도 좋습니다. 조약돌이야말로 무한한 가능성의 바다니까요.

준비물

- 큰 타원형 조약돌
- 물에 적신 천
- 분필
- 붓
- 촉이 가는 검은색 마커 펜
- 아크릴 물감 : 주황색, 파란색, 빨간색, 남색, 흰색
- 바니시

깊은 바다 물고기 ● 71

1 큰 타원형의 조약돌을 준비하여 물에 적신 천으로 깨끗하게 닦습니다.

2 분필로 물고기의 모습을 대략적으로 스케치합니다.

3 물고기의 머리 부분은 주황색 물감으로, 몸통 부분은 파란색 물감으로 칠합니다.

4 빨간색 물감으로 머리와 몸통을 나누는 선을 덧그리고, 꼬리도 칠해 줍니다.

5 몸통과 같은 파란색 물감으로 등과 배의 지느러미를 칠합니다. 지느러미와 꼬리에 남색 물감으로 선을 그리고, 몸통에 짧은 선을 촘촘히 그려 비늘을 표현합니다.

6 흰색 물감과 검은색 마커 펜으로 음영을 더한 다음, 머리 부분에 눈과 입을 그려 넣습니다. 물감이 다 마르면 표면에 바니시를 발라 마무리합니다.

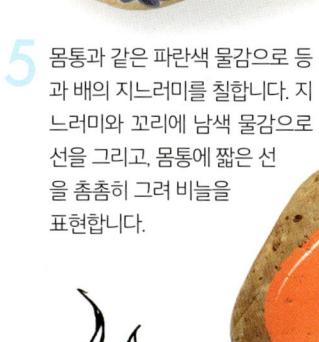

엄마 캥거루와 아기 캥거루

저 멀리 호주에서부터 껑충껑충 달려와 당신의
호주머니 속으로 쏙 들어온 캥거루를 만나 보세요.
엄마 캥거루가 외롭지 않도록 아기 캥거루도
함께 그려 주면 더 좋답니다.

준비물

- 크고 납작하며 둥근 조약돌
- 물에 적신 천
- 분필
- 붓
- 촉이 가는 검은색 마커 펜
- 아크릴 물감 : 연갈색, 갈색, 진갈색
- 바니시

가지고 있는 조약돌 중 가장 자그마한 조약돌을 꺼내 보세요. 엄마 캥거루와 같은 갈색 톤으로 칠해 주면 아기 캥거루를 만들 수 있어요.

엄마 캥거루와 아기 캥거루 ● 73

1 크고 납작하며 둥근 조약돌을 준비합니다. 물에 적신 천으로 깨끗하게 닦습니다.

2 분필로 캥거루의 모습을 대략적으로 스케치합니다.

3 캥거루의 몸 전체를 갈색 물감으로 칠합니다. 물감이 다 마르면 한 번 덧칠합니다.

4 분필로 캥거루의 가슴과 주머니를 스케치하고, 연갈색 물감으로 칠합니다.

5 가는 붓을 사용하여 캥거루의 윤곽선을 진갈색 물감으로 덧그립니다.

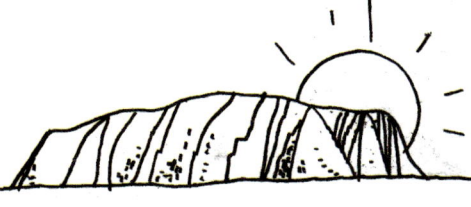

6 검은색 마커 펜으로 캥거루의 눈과 코, 입을 그린 다음, 몸통과 꼬리에 음영을 넣어 줍니다. 표면이 모두 마르면 바니시를 발라 마무리합니다.

나무 위 코알라

유대목 동물인 코알라는 나무에 매달려 우물우물 나뭇잎 먹는 것을 좋아합니다. 엄마 코알라의 등에 업힌 아기 코알라도 함께 만들면 정말 귀여울 거예요.

준비물

- 둥글고 납작한 조약돌
- 물에 적신 천
- 분필
- 붓
- 촉이 가는 검은색 마커 펜
- 아크릴 물감 : 갈색, 연회색, 진회색, 흰색, 빨간색, 녹색
- 바니시

자그마한 조약돌을 골라 엄마 코알라와 같은 회색으로 칠해 주면 금방 아기 코알라를 만들 수 있어요. 엄마 코알라의 등에 아기 코알라를 살포시 올려 놓거나, PVA 접착제로 고정해 주세요.

나무 위 코알라 ● 75

1 둥글고 납작한 조약돌을 준비하여 물에 적신 천으로 깨끗하게 닦습니다. 분필로 나무에 매달린 코알라의 모습을 대략적으로 스케치합니다.

2 나무 부분을 갈색 물감으로 칠합니다. 물감이 마르면 나무를 잡고 있는 코알라의 앞발과 뒷발, 그리고 귀를 분필로 그려 주세요.

3 코알라의 몸 전체를 진회색 물감으로 칠합니다.

4 흰색 물감으로 코알라의 배와 귀 안쪽을 칠합니다. 배 부분에는 연회색 물감으로 짧은 선을 여러 개 그려 털의 질감을 살립니다.

5 검은색 마커 펜으로 코알라의 윤곽선을 덧그립니다. 코와 눈을 그린 후에는 입 주위를 흰색 물감으로 칠해 주세요.

6 흰색 물감과 검은색 마커 펜으로 음영을 더하고, 빨간색 물감으로 점을 찍어 발그레한 두 뺨을 표현합니다. 코알라가 배고플 때 먹을 수 있게 녹색 나뭇잎을 여러 장 그려 주세요. 물감이 다 마르면 표면에 바니시를 발라 마무리합니다.

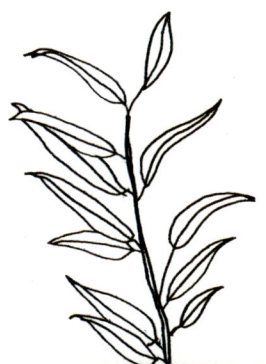

꽥꽥 오리

평화로운 연못이나 호수에서 주로 찾아볼 수 있는 오리 친구들은 다양한 깃털 무늬로 우리에게 많은 영감을 줍니다. 여기 소개한 오리들을 살펴보고 여러분만의 패턴을 한번 개발해 보세요.

부리와 목에 선을 적절히 그려 주면 각각의 부위를 더 잘 묘사할 수 있어.

폴짝폴짝 여우원숭이

줄무늬 꼬리와 밝은 노란색 눈이 특징인 여우원숭이는 나무 사이를 폴짝폴짝 뛰어다닌답니다. 다양한 색깔의 여우원숭이를 만들어 보는 것은 어떨까요?

준비물
- 세워지는 큰 조약돌
- 물에 적신 천
- 분필
- 붓
- 촉이 가는 은색과 검은색 마커 펜
- 아크릴 물감 : 연회색, 진회색, 검은색, 노란색, 녹색
- 바니시

음영과 패턴으로 변화를 주어 가며 회색 여우원숭이와 대비되는 다른 색깔의 친구도 만들어 보아요.

폴짝폴짝 여우원숭이 ● 79

1. 세워지는 큰 조약돌을 준비하여 물에 적신 천으로 깨끗하게 닦습니다. 아래쪽에 분필로 가로선을 그어 땅을 그린 후, 여우원숭이의 대략적인 모습을 스케치합니다.

2. 몸통은 진회색 물감으로 칠하고, 머리와 꼬리는 연회색 물감으로 칠합니다.

3. 검은색 물감으로 머리 윗부분과 귀, 눈, 삼각형의 코를 칠합니다.

4. 여우원숭이의 발도 검은색 물감으로 칠한 다음, 긴 꼬리에 검은색 줄무늬를 넣어 주세요.

5. 노란색 물감으로 동그란 눈을 한 쌍 그립니다. 눈을 그린 물감이 다 마르면 촉이 가는 검은색 마커 펜으로 눈동자를 찍어 주세요.

6. 은색 마커 펜으로 머리 한쪽에 선을 그려 음영을 주고, 몸통 곳곳에 짧은 가로선을 그어 주세요. 여우원숭이의 모습이 완성된 후에는 여러 톤의 녹색 물감으로 발밑의 풀밭을 표현합니다. 물감이 다 마르면 표면에 바니시를 발라 마무리합니다.

80 ● 조약돌 아트 ROCK ART

잠자는 사자

표범속에 속하는 사자는 강하고 흉포한 동물로 알려져 있어요.
하지만 오늘 우리가 그릴 사자는 전혀 그렇지 않답니다.
조약돌에 그린 귀엽고 친근한 사자는
우리의 다정한 친구가 되어 줄 거예요.

준비물
- 둥글고 납작한 조약돌
- 물에 적신 천
- 분필
- 붓
- 아크릴 물감 : 겨자색, 갈색, 진갈색, 연노란색, 검은색, 흰색
- 바니시

81

1 둥글고 납작한 조약돌을 준비하여 물에 적신 천으로 깨끗하게 닦습니다. 분필로 조약돌 위에 타원을 하나 그리고, 위쪽에 작은 귀 한 쌍을 그립니다.

2 분필로 그린 사자의 얼굴 안쪽을 겨자색 물감으로 칠합니다. 물감이 마르면 분필로 눈과 코, 귀를 스케치합니다.

3 얼굴 주위의 갈기를 갈색 물감으로 칠합니다.

4 연노란색 물감으로 귀 안쪽과 콧잔등을 칠하고, 검은색 물감으로 눈과 코를 그립니다. 코 아랫부분을 흰색 물감으로 칠해 자연스럽게 입을 표현해 줍니다.

5 흰색과 갈색 물감으로 얼굴에 음영을 더하고, 갈기 부분에 진갈색 선을 넣어 털을 표현해 줍니다. 물감이 다 마르면 표면에 바니시를 발라 마무리합니다.

흰색 펜을 이용해서 다양한 무늬와 질감을 표현하고 깊이감을 더해 봐.

우아한 새들

좋아하는 새를 골라 흑백으로 강렬하게 디자인해 보세요.
흙이나 나무를 연상시키는 소박한 색깔의 조약돌을
캔버스로 사용하면 자연스러운 느낌을 주면서도
디자인을 한층 돋보이게 만들 수 있습니다.

복슬복슬 알파카

지금까지 만난 동물 중 가장 복슬복슬한 친구를 소개합니다. 저 멀리 페루의 황무지에서 우리를 만나러 온 멋쟁이 알파카예요. 알파카를 다 그린 후에는 조약돌 선인장을 만들어서 황무지 분위기를 연출해도 좋답니다. 그럼 먼저 알파카를 그려 볼까요?

준비물

- 둥글고 납작한 조약돌
- 물에 적신 천
- 분필
- 붓
- 검은색 펜 또는 마커 펜
- 연필
- 아크릴 물감 : 흰색, 연갈색, 검은색, 녹색
- 바니시

녹색 선인장을 그린 조약돌을 곁에 놓아 주면 알파카의 서식지가 완성됩니다.

복슬복슬 알파카 ● 85

1 둥글고 납작한 조약돌을 준비하여 물에 적신 천으로 깨끗하게 닦습니다.

2 분필로 알파카의 모습을 대략적으로 스케치합니다.

3 둥글고 복슬복슬한 알파카의 몸통이 충분히 표현되었다면 흰색 물감으로 칠해 주세요.

4 얼굴 가운데 부분을 연갈색 물감으로 칠한 다음, 얼굴의 윤곽선도 덧그립니다. 촉이 가는 검은색 펜이나 마커 펜으로 눈과 코, 입을 그려 주세요.

5 심을 뾰족하게 깎은 연필로 알파카의 몸통에 동글동글 말린 곡선을 그려 복슬복슬한 털을 표현합니다. 귀 안쪽을 연필로 칠하고, 원하는 경우 음영을 더해 줍니다.

6 검은색 펜이나 물감으로 작은 발 두 개를 그립니다. 알파카가 배고프지 않도록 입에는 녹색 풀을 물려 주세요. 물감이 다 마르면 표면에 바니시를 발라 마무리합니다.

생쥐와 치즈

벽에 난 구멍에서 찍찍, 마룻바닥 밑에서 찍찍. 호시탐탐 치즈를 노리는 생쥐는 참 얄밉지만 조약돌 위에 그려 놓으면 너무나도 귀엽답니다. 생쥐가 좋아하는 치즈 한 덩이를 잊지 말고 같이 그려 주세요.

준비물
- 세워지는 반원형 조약돌
- 물에 적신 천
- 연필 또는 분필
- 붓
- 촉이 가는 검은색 펜
- 아크릴 물감 : 연회색, 회색, 분홍색, 흰색, 노란색, 검은색
- 바니시

생쥐의 모습을 자유롭게 표현해 보세요. 커다란 앞니가 두드러지게 그려도 좋고, 물감을 콕콕 찍어 발그레한 뺨을 더해도 좋습니다. 물론 야금야금 먹을 수 있는 치즈를 함께 그려도 즐겁겠죠?

생쥐와 치즈 ● 87

1 바닥에 세울 수 있는 반원형의 조약돌을 준비합니다. 물에 적신 천으로 깨끗하게 닦습니다. 가운데에 반원 모양을 그려 줍니다.

2 중앙에 그린 반원을 검은색 물감으로 칠합니다. 물감이 마르면 분필로 생쥐의 대략적인 윤곽을 잡습니다.

3 윤곽선을 따라 생쥐의 몸통과 머리, 두 귀를 연회색 물감으로 칠합니다.

4 분홍색 물감으로 귀 안쪽을 칠한 다음, 귀와 얼굴, 몸통 주변에 흰색과 회색 선을 가늘게 그려 음영과 깊이를 더합니다.

5 검은색 펜으로 생쥐의 윤곽선을 덧그린 후, 코 양옆으로 가느다란 수염을 그리고, 작은 점을 콕콕 찍어 줍니다. 노란색 물감으로 생쥐가 좋아하는 치즈 한 조각을 입 주위에 그려 주세요. 분홍색 꼬리를 그린 다음, 물감이 다 마르면 표면에 바니시를 발라 마무리합니다.

유유자적 수달

이 수달은 그야말로 유유자적이네요. 강물에 몸을 맡기고 둥둥 떠가며 세상이 흘러가는 모습을 구경하고 있는 수달의 모습을 함께 그려 봅시다.

준비물

- 길고 납작한 조약돌
- 물에 적신 천
- 분필
- 붓
- 촉이 가는 흰색 마커 펜
- 아크릴 물감 : 파란색, 검은색, 흰색, 연회색, 빨간색
- 바니시

배경을 따로 그리지 않고 조약돌 전체를 수달로 변신시킬 수도 있습니다. 귀여운 표정과 수염을 더해 주면 꼭 안아 주고 싶은 아기 수달이 완성됩니다.

유유자적 수달 ● 89

1 길고 납작한 조약돌을 준비합니다. 물에 적신 천으로 깨끗하게 닦습니다.

2 분필로 수달의 앞발과 배, 얼굴을 대략적으로 스케치합니다. 수달을 제외한 주변을 파란색 물감으로 칠합니다.

3 배와 발바닥, 꼬리를 제외한 수달의 몸을 검은색 물감으로 칠해 줍니다.

4 배와 꼬리를 흰색 물감으로 칠합니다.

5 검은색 물감으로 발바닥을 칠하고, 꼬리에 짧은 선을 촘촘히 그어 털의 느낌을 살려 줍니다.

6 연회색과 빨간색 물감, 흰색 마커 펜으로 이목구비를 그립니다. 흰색 선으로 몸통에 입체감을 더하고, 푸른 강물에는 흰색 물감으로 물결무늬를 넣어주세요. 표면이 모두 마르면 바니시를 발라 마무리합니다.

품위 있는 견공들

조약돌 위에는 종류에 상관없이 모든 개를
그릴 수 있답니다. 조약돌의 모양에 따라
특징을 살린 머리만 그릴 수도 있고,
전체의 모습을 그릴 수도 있겠죠?

포근포근 북극곰

북극곰은 땅 위에 사는 육식동물 중 가장 몸집이 크답니다. 하지만 조약돌 위에 그린 곰은 호주머니에 쏙 넣고 다닐 수 있어요. 귀여운 조약돌 곰과 따뜻한 온기를 나눠 보아요.

준비물
- 둥글고 납작한 조약돌
- 물에 적신 천
- 연필 또는 분필
- 붓
- 촉이 가는 검은색 펜
- 아크릴 물감 : 흰색, 베이지색, 빨간색
- 바니시

북극곰을 다 그린 후에 목도리를 둘러 주면 왼쪽 아래처럼 더 근사해진답니다. 둥근 조약돌을 벗어나 특이한 모양의 돌에 북극곰의 머리를 그려 보는 것도 추천합니다. 오른쪽 아래 작품은 차가운 수면 위로 북극곰이 막 머리를 내미는 듯 보이지요?

포근포근 북극곰 ● 93

1 둥글고 납작한 조약돌을 준비합니다. 물에 적신 천으로 깨끗하게 닦습니다.

2 연필을 사용해서 북극곰의 머리와 귀, 몸통의 일부를 그립니다. 연필 선이 잘 보이지 않는다면 분필을 사용해도 좋습니다.

3 흰색 물감으로 윤곽선을 덧그리고, 윤곽선 안쪽을 칠합니다.

4 검은색 펜으로 북극곰의 머리와 귀, 몸통의 선을 진하게 덧그립니다. 그런 다음 눈과 코, 입을 그려 주세요.

5 베이지색 물감으로 짧은 선을 적절히 그려 털의 질감을 표현합니다. 연필로 코와 주둥이의 모양을 잡아 줍니다.

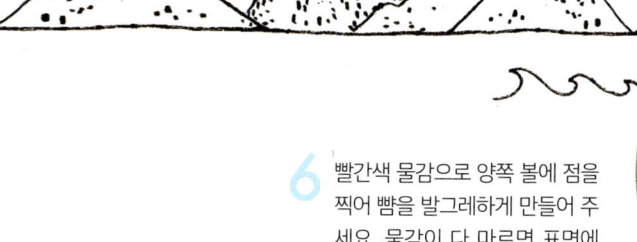

6 빨간색 물감으로 양쪽 볼에 점을 찍어 뺨을 발그레하게 만들어 주세요. 물감이 다 마르면 표면에 바니시를 발라 마무리합니다.

깡충깡충 토끼

회색과 흰색, 분홍색만 있으면 간단히 예쁜 토끼 한 마리를 만들 수 있답니다. 이 디자인의 깜짝 포인트는 조약돌 뒤쪽에 그려 넣는 커다랗고 복슬복슬한 꼬리에 있어요.

준비물
- 둥글고 납작한 조약돌
- 물에 적신 천
- 분필
- 붓
- 촉이 가는 은색 마커 펜
- 검은색 펜 또는 마커 펜
- 아크릴 물감 : 연회색, 진회색, 분홍색, 흰색
- 바니시

깡충깡충 토끼 ● 95

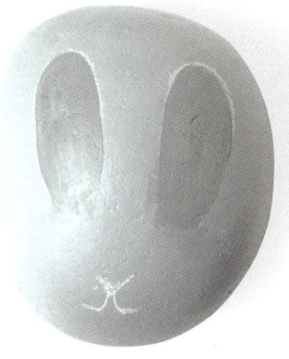

1 둥글고 납작한 조약돌을 준비합니다. 물에 적신 천으로 깨끗하게 닦은 후, 연회색 물감으로 표면 전체를 두 번 칠합니다.

2 분필로 큰 귀 한 쌍과 코, 입을 그려 줍니다.

3 두 귀를 진회색 물감으로 칠합니다.

4 검은색 펜이나 마커 펜으로 토끼의 얼굴을 더 자세히 그립니다. 코는 은색 마커 펜으로 칠해 주세요.

5 귀의 안쪽을 분홍색 물감으로 칠하고, 양쪽 뺨에도 분홍색 점을 찍어 줍니다. 귀 바깥쪽 선 전체와 안쪽 선 절반씩을 검은색 펜으로 진하게 덧그립니다.

6 얼굴을 다 그린 후에는 조약돌을 뒤집어 토끼의 엉덩이 부분에 진회색과 흰색 물감으로 꼬리를 그려 넣고, 꼬리의 윤곽선을 검은색 마커 펜으로 덧그립니다. 표면이 모두 마르면 바니시를 발라 마무리합니다.

삐죽삐죽 자란 녹색 풀을 그려 주면
토끼가 뛰어노는 풀밭을 표현할 수 있어요.

느긋한 나무늘보

나무늘보는 정말 느릿느릿 움직이는 포유류이지요.
여기에 소개한 방법을 따라 하면 쉽게 그릴 수 있습니다.
나무늘보 주위로 나뭇가지와 이파리를 그려 주면 편하게
쉬고 있는 나무늘보의 모습을 더 잘 연출할 수 있답니다.

준비물

- 둥글고 납작한 조약돌
- 물에 적신 천
- 분필
- 붓
- 촉이 가는 검은색 펜
- 아크릴 물감 : 연갈색, 진갈색, 베이지색, 녹색
- 바니시

느긋한 나무늘보 ● 97

1 둥글고 납작한 조약돌을 준비합니다. 물에 적신 천으로 깨끗하게 닦습니다.

2 분필로 조약돌 가운데에 가로선 두 개를 그어 나무를 그려 줍니다. 나무 위에 작은 반원 한 개와 큰 반원 한 개를 나란히 스케치합니다.

3 아래로 늘어진 나무늘보의 앞다리와 뒷다리를 그리고, 나무를 진갈색 물감으로 칠합니다.

4 몸과 다리를 연갈색 물감으로 칠하고, 얼굴과 배 부분은 베이지색 물감으로 칠합니다.

5 촉이 가는 검은색 펜으로 다리 부분의 선을 덧그린 다음, 얼굴을 그려 넣으세요.

6 진갈색 물감으로 갈고리 모양의 앞발과 뒷발을 그리고, 검은색 펜을 사용하여 나무늘보의 윤곽선을 덧그립니다.

7 나무늘보 주위로 녹색의 이파리들을 그려 주세요. 물감이 다 마르면 표면에 바니시를 발라 마무리합니다.

조약돌 아트 ROCK ART

자그마한
곤충 친구들

작은 곤충 친구들을 그릴 때는 무엇보다 섬세한 표현이 중요하답니다. 촉이 가는 펜과 끝이 뾰족한 붓으로 눈길을 끄는 화려한 패턴을 그려 보세요. 여기 소개된 패턴들을 참고하여 여러분만의 무늬를 만들어 봐도 좋겠지요?

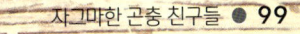

기하학적 패턴을 그릴 때는 대비가 강한 색으로 그리면 더 강렬한 느낌을 줄 수 있어.

달려라 거북이

먼저 단순한 무늬의 기본적인 거북이를 그려 본 다음, 여러분만의 창의력을 발휘해 보세요. 다양한 색깔과 무늬로 거북이의 등껍질을 꾸미면 정말 멋지답니다.

준비물
- 둥글고 납작한 조약돌
- 물에 적신 천
- 분필
- 붓
- 튜브형 라이너 물감
- 아크릴 물감 : 녹색, 갈색, 진갈색, 베이지색
- 바니시

달려라 거북이 ● 101

1. 둥글고 납작한 조약돌을 준비합니다. 물에 적신 천으로 깨끗하게 닦은 후, 전체를 녹색 물감으로 칠합니다. 필요한 경우 한 번 덧칠합니다.

2. 분필로 거북이의 등껍질과 머리, 다리를 대략적으로 스케치합니다.

3. 등껍질과 머리, 다리를 제외한 부분을 진갈색 물감으로 칠해 줍니다.

5. 진갈색 물감으로 가느다란 세로 선을 여러 개 그어 등껍질 가장자리를 장식합니다. 등껍질을 이루는 작은 일곱 도형의 윤곽선을 진갈색으로 덧그린 다음, 베이지색 물감으로 도형 안쪽에 적절히 선을 그어 입체감을 줍니다.

4. 분필로 등껍질 가운데에 육각형을 그린 후, 육각형 모서리와 등껍질을 연결합니다. 작은 일곱 도형의 가장자리 공간을 조금 남기면서 갈색 물감으로 칠합니다.

6. 튜브형 라이너 물감으로 머리와 다리의 윤곽선을 덧그리고, 거북이의 눈과 코, 입을 그립니다. 물감이 다 마르면 표면에 바니시를 발라 마무리합니다.

늑대와 여우

무리에서 떨어져 길을 잃고 헤매던 이 늑대는
우리의 주머니 안에서 아늑한 보금자리를 찾은 것 같네요.
졸린 여우도 우리와 함께하고 싶을지 모르니
늑대를 만든 다음, 여우도 꼭 한번 만들어 보세요.

준비물

- 둥글고 납작한 조약돌
- 물에 적신 천
- 분필
- 붓
- 촉이 가는 흰색과 검은색 마커 펜
- 아크릴 물감 : 연회색, 회색, 진회색, 흰색, 빨간색
- 바니시

회색 대신 주황색과 노란색, 금색을 사용하면 늑대를 그린 방법처럼 오른쪽 아래의 여우를 그릴 수 있어요.

늑대와 여우 ● 103

1 둥글고 납작한 조약돌을 준비합니다. 물에 적신 천으로 깨끗하게 닦은 후, 표면 전체를 연회색 물감으로 두 번 칠합니다. 물감이 마르면 분필로 늑대 얼굴을 대략적으로 스케치합니다.

2 늑대의 얼굴을 회색 물감으로 칠합니다. 물감이 마르면 분필로 이마와 주둥이, 얼굴의 털 무늬를 스케치합니다.

3 이마와 주둥이는 진회색 물감으로 칠하고, 눈 주위의 털 무늬는 흰색 물감으로 칠해 줍니다.

4 가는 붓을 사용하여 진회색 물감으로 얼굴의 선들을 덧그리고, 귀 안쪽을 칠합니다.

5 촉이 가는 검은색 마커 펜으로 눈과 코를 그린 후, 양쪽 뺨에는 빨간색 점을 하나씩 찍어 줍니다.

6 이마에서 주둥이까지 이어지는 부분에 흰색 마커 펜으로 가는 세로선을 그어 장식합니다. 배경도 세로선을 촘촘히 그어 꾸며 주세요. 늑대의 귀 주변과 얼굴 가장자리에 흰색 음영선을 넣어 생동감을 줍니다. 표면이 모두 마르면 바니시를 발라 마무리합니다.

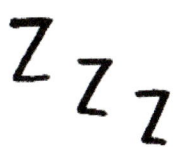

열대의 새들

새를 그린다고요? 선명하고 화려한 색깔을 마음껏 써 볼 완벽한 기회입니다. 채색 후에 무늬를 넣어 깃털의 질감을 살려 주면 더욱 실감나는 모습을 연출할 수 있으니 잊지 마세요.

무지개 유니콘

아름다운 조약돌 동물을 만드는 데 전설 속의 멋진 동물 유니콘이 빠질 수 없겠죠? 곱고 아름다운 색깔의 물감을 준비하세요. 마법의 동물에 걸맞은 마법 같은 모습을 표현해야 하니까요.

준비물

- 납작한 조약돌
- 물에 적신 천
- 분필
- 붓
- 촉이 가는 검은색 펜
- 은색이나 회색 펜
- 금색 펜
- 아크릴 물감 : 흰색, 파란색, 녹색, 보라색, 주황색
- 바니시

무지개 유니콘 ● 107

1 납작한 조약돌을 준비하여 물에 적신 천으로 깨끗하게 닦습니다. 분필로 유니콘의 얼굴을 대략적으로 스케치합니다.

2 유니콘의 얼굴과 귀를 흰색 물감으로 칠합니다. 귀 사이에 길쭉한 삼각형을 그려 뿔을 만듭니다.

3 배경을 파란색 물감으로 칠합니다. 물감이 마르면 분필로 유니콘의 갈기를 스케치합니다.

4 유니콘의 갈기는 밝고 아름다운 색깔로 가닥마다 다르게 칠해 주세요.

5 검은색 펜으로 머리와 뿔, 갈기의 윤곽선을 덧그립니다. 얼굴의 아랫부분에 콧구멍을 그리고, 살짝 감은 눈과 긴 속눈썹도 그려 줍니다.

6 뿔에 무늬를 그린 다음, 은색 펜으로 음영을 넣어 주세요. 금색 펜으로는 배경에 별을 그려 장식합니다. 표면이 모두 마르면 바니시를 발라 마무리합니다.

3

작품 활용하기

잠자는 햄스터
새근새근 잠든 햄스터를 조용한 곳에 살포시 올려놓아 주세요. 평화롭게 잠든 모습을 볼 때마다 기분이 좋아질 거예요.

식탁용 누름돌 ▶
나비넥타이를 매고 파티 모자를 쓴 귀여운 곰돌이들은 소풍 분위기를 한껏 살려 주는 좋은 소품이랍니다. 묵직한 무게 덕에 테이블 위의 냅킨과 종이 접시가 날아가는 것을 막아 주기도 해요.

옛날 옛날에
아이들과 함께 조약돌 그림을 그려 보면 어떨까요?
그런 다음 여러 개의 그림을 조합하여 아이들만의
상상력으로 이야기를 만들어 보게 하는 거죠.
동물뿐 아니라 해와 달, 요술봉 같은 그림을 섞어
넣으면 이야기가 훨씬 흥미진진해진답니다.

◀ 조약돌 브로치
납작한 조약돌 작품은 가방이나 재킷, 티셔츠에 다는 브로치로도 쓸 수 있습니다. 조약돌 뒷면에 접착제로 작은 핀을 달아 주면 어디서든 동물 친구들과 함께할 수 있어요.

조약돌 펜던트
작은 조약돌에 곤충 같은 작은 동물을 그려도 좋고, 큰 조약돌에 큰 동물을 그려 눈에 확 띄는 펜던트를 만들 수도 있어요. 구멍을 미리 뚫어 놓은 조약돌은 온라인으로 구입할 수 있답니다.

무당벌레 정원 장식
화분에 무당벌레 조약돌을 올려 해충을 쫓아내 보세요. 예쁜 색깔의 귀여운 무당벌레 장식은 정원과 식물에 대한 아이들의 관심을 높여 줄 수 있습니다.

짝 맞추기 게임

다양한 동물과 그 서식지를 조약돌에 그려 아이들과 짝 맞추기 게임을 해 보세요. 동물에 대해 배우는 좋은 놀이가 될 것입니다. 한 조약돌에는 동물의 그림을, 다른 조약돌에는 서식지 그림을 그려 넣으세요. 그림을 완성한 후에는 게임을 시작합니다.

조약돌 액자
조약돌의 자연적인 형태와 질감을 활용하여 새를 만들어 보세요. 나뭇가지에 앉은 형태로 새들을 배열하고 자연스러운 나무 액자를 둘러 벽에 걸어 주면 멋진 장식이 된답니다.

기린 퍼즐 ▶
형태와 모양을 자유롭게 조합하여 여러분만의 조약돌 동물 퍼즐을 만들어 보세요.

거위가 나란히

이런 큼직한 돌은 멋진 장식용 소품이 될 수 있습니다. 욕실 선반 위에 엄마 거위 조약돌과 그 뒤를 졸졸 따라가는 아기 거위 세 마리를 올려놓아 보세요. 정말 잘 어울린답니다.

찾아보기

조약돌 작품은 두꺼운 글씨로 표시하고, 사진은 대괄호로 표시하였습니다.

ㄱ

개 68~69, [68~69], 90~91, [90~91]
개구리 40~41, [40~41]
개굴개굴 개구리 40~41, [40~41]
거북이 100~101, [100~101]
거위 122, [122~123]
거위가 나란히 122, [122~123]
게임
    기린 퍼즐 120, [121]
    짝 맞추기 게임 118, [118~119]
고래 [67]
고슴도치 33, [33]
고양이 64~65, [64~65]
곤충
    곤충 98~99, [98~99]
    꿀벌 28~29, [28~29], [98]
    나비 58, [58~59]
    무당벌레 [98], 116, [116~117]
    잠자리 36~37, [36~37], [98]
곰 [32], 92~93, [92~93], [111]
규질암 20
기린 120, [121]
기린 퍼즐 120, [121]
깃털 48~49, [48~49], 76, [76~77], [82~83], 104, [104~105]
깊은 바다 물고기 70~71, [70~71]
까불까불 원숭이 46~47, [46~47]
깡충깡충 토끼 94~95, [94~95]

ㄴ

꽥꽥 오리 76~77, [76~77]
꿀벌 28~29, [28~29], [98]
끈/체인 22, [23]

ㄴ

나무 위 코알라 74~75, [74~75]
나무늘보 96~97, [96~97]
나비 58, [58~59]
농장 친구들 42~43, [42~43]
누름돌 110, [111]
느긋한 나무늘보 96~97, [96~97]
느림보 달팽이 56~57, [56~57]
늑대 102~103, [102~103]
늑대와 여우 102~103, [102~103]

ㄷ

다람쥐 32, [32]
달려라 거북이 100~101, [100~101]
달팽이 56~57, [56~57]
대리석 20
도구 22, [23]
동물
    개 68~69, [68~69], 90~91, [90~91]
    거북이 100~101, [100~101]
    고래 [67]
    고슴도치 33, [33]
    고양이 64~65, [64~65]
    곰 [32], 92~93, [92~93], [111]
    기린 120, [121]
    나무늘보 96~97, [96~97]
    늑대 102~103, [102~103]

다람쥐 32, [32]
돼지 43, [43]
말 [42]
물개 54~55, [54~55]
북극곰 92~93, [92~93]
사슴 [32]
사자 80~81, [80~81]
생쥐 86~87, [86~87]
수달 88~89, [88~89]
양 50~51, [50~51]
얼룩말 62~63, [62~63]
여우 [33], 102, [102]
여우원숭이 78~79, [78~79]
염소 42, [42~43]
원숭이 46~47, [46~47]
캥거루 72~73, [72~73]
코끼리 38~39, [38~39]
코알라 74~75, [74~75]
토끼 [33], 94~95, [94~95]
판다 30~31, [30~31]
펭귄 52~53, [52~53]
햄스터 110, [110]
돼지 43, [43]
두꺼비 40, [40]
뒤뚱뒤뚱 펭귄 52~53, [52~53]

ㅁ

마무리하기 25, [25]
마커 펜 22, [23]
말 [42]
멍멍 강아지 68~69, [68~69]

찾아보기

목걸이 22, [23], 115, [115]
무광 바니시 25
무당벌레 [98], 116, [116~117]
무당벌레 정원 장식 116, [116~117]
무지개 유니콘 106~107, [106~107]
물 22
물개 54~55, [54~55]
물고기 [67], 70~71, [70~71]
물새
　오리 76, [76~77]
　거위 122, [122~123]
미술용 붓 22, [23]

ㅂ

바니시 22, [23], 25, [25]
바닷속 친구들 66~67, [66~67]
반광 바니시 25
밝은색 조약돌 22, 24, [24]
배고픈 판다 30~31, [30~31]
뱀 60~61, [60~61]
변성암 20
변신의 귀재 카멜레온 34~35, [34~35]
복슬복슬 알파카 84~85, [84~85]
부석 20
부엉이 [58~59]
북극곰 92~93, [92~93]
분무형 바니시 25
분필 22, [23]
불가사리 [66]
붓 22, [23]
붕붕 꿀벌 28~29, [28~29]

브로치 핀 22, [114], 115

ㅅ

사랑스러운 물개 54~55, [54~55]
사슴 [32]
사암 20
사자 80~81, [80~81]
새
　깃털 48~49, [48~49], 76, [76~77],
　　　[82~83], 104, [104~105]
　부엉이 [58~59]
　액자 120, [120]
　앵무새 48~49, [48~49], 104, [104]
　열대의 104~105, [104~105]
　형형색색 48~49, [48~49]
생쥐 86~87, [86~87]
생쥐와 치즈 86~87, [86~87]
석회암 20
수달 88~89, [88~89]
순간접착제 22, [23]
숲속 친구들 32~33, [32~33]
스르르 뱀 60~61, [60~61]
스펀지 22
식탁용 누름돌 110, [111]

ㅇ

아이디어 스케치하기 24, [24], [26~27]
아크릴 물감 20, 22, [23]
알파카 84~85, [84~85]
액체형 바니시 25
앵무새 48~49, [48~49], 104, [104]

암석의 종류 19~20
야옹야옹 고양이 64~65, [64~65]
양 50~51, [50~51]
양서류
　개구리 40~41, [40~41]
　두꺼비 40, [40]
어두운색 조약돌 22, 24, [24]
얼룩말 62~63, [62~63]
엄마 캥거루와 아기 캥거루 72~73, [72~73]
여우 [33], 102, [102]
여우원숭이 78~79, [78~79]
연필 22, [23]
열대의 새들 104~105, [104~105]
염소 42, [42~43]
영리한 코끼리 38~39, [38~39]
옛날 옛날에 [112~113], 113
오리 76, [76~77]
우아한 새들 82~83, [82~83]
원숭이 46~47, [46~47]
유광 바니시 25
유니콘 106~107, [106~107]
유유자적 수달 88~89, [88~89]
윤곽선 25
음영 25

ㅈ

자그마한 곤충 친구들 98~99, [98~99]
잠자는 사자 80~81, [80~81]
잠자는 햄스터 110, [110]
잠자리 36~37, [36~37], [98]
장신구

브로치 핀 22, [114], 115
펜던트 22, [23], 115, [115]
전설 속의 동물 106~107, [106~107]
점판암 20
접착제 22, [23]
조약돌
   구멍을 뚫어 놓은 조약돌 19, 115
   밝은색 조약돌 22, 24, [24]
   어두운색 조약돌 22, 24, [24]
   이야기를 담은 조약돌 [112~113], 113
   종류별 조약돌 19~21, [21]
조약돌 브로치 [114], 115
조약돌 액자 120, [120]
조약돌 작품 활용하기 108~123
조약돌 찾기 19
조약돌 펜던트 115, [115]
조약돌의 정의 19
종이에 스케치하기 24, [24], [26~27]
준비하기 24, [24]
줄무늬 얼룩말 62~63, [62~63]
질감 19, 20, 21, 22, 34, 35, 36, 58, 61,
     64, 75, 82, 93, 105, 120
짝 맞추기 게임 118, [118~119]

체인/끈 22, [23]
촉이 가는 마커 펜 20

카멜레온 34~35, [34~35]
캥거루 72~73, [72~73]

코끼리 38~39, [38~39]
코알라 74~75, [74~75]
키친타월 22

토끼 [33], 94~95, [94~95]
퇴적암 20
튜브형 라이너 물감 22, [23]

PVA 접착제 22, [23]
파인라이너 22, [23]
파충류
   뱀 60~61, [60~61]
   카멜레온 34~35, [34~35]
판다 30~31, [30~31]
팔레트 22, [23]
팔레트에 물감 섞기 22
펜
   마커 펜 22, [23]
   물에 지워지지 않는 펜 22
펜던트 22, [23], 115, [115]
펭귄 52~53, [52~53]
포근포근 북극곰 92~93, [92~93]
폭신폭신 양 떼 50~51, [50~51]
폴짝폴짝 여우원숭이 78~79, [78~79]
품위 있는 견공들 90~91, [90~91]

하늘을 수놓는 잠자리 36~37, [36~37]
하늘하늘 해파리 44~45, [44~45]

해마 66
해파리 44~45, [44~45]
햄스터 110, [110]
헤어드라이어 22
현무암 20
형형색색 앵무새 48~49, [48~49]
화강암 20
화성암 20
훨훨 새와 나비 58~59, [58~59]

드니스 시클루나 지음

몰타에서 태어나 런던에서 활동하는 예술심리치료사이자 회화와 공예 분야를 전문적으로 다루는 시각예술가입니다. 심리학 학사와 예술심리치료 석사 학위를 받았습니다. 자신이 수작업으로 만든 작품을 다양한 프로젝트에 접목하는 데 열정적으로 힘쓰고 있으며, 2010년에는 몰타 최초의 현대 공예 시장을 설립했습니다. 지은 책으로는 《조약돌 아트!》가 있습니다.

정영은 옮김

서강대학교에서 영미문학을, 이화여자대학교 통번역대학원에서 한영통역을 공부했습니다. 졸업 후 다양한 기관에서 상근 통번역사로 근무했으며, 현재는 좋은 책을 발굴하고 소개하는 번역 공동체 펍헙번역그룹의 일원으로 활동하고 있습니다. 옮긴 책으로는 《달님과 소년》, 《호두까기 인형과 생쥐 왕》, 《키르케고르 실존 극장》, 《아이들의 시간》 등이 있습니다.

인쇄 – 2021년 7월 6일	
발행 – 2021년 7월 13일	
지은이 – 드니스 시클루나	
옮긴이 – 정영은	
발행인 – 허진	
발행처 – 진선출판사(주)	
편집 – 김경미, 이미선, 권지은, 최윤선	
디자인 – 고은정, 구연화	
총무·마케팅 – 유재수, 나미영, 김수연, 허인화	
주소 – 서울시 종로구 삼일대로 457 (경운동 88번지) 수운회관 15층	
전화 (02)720-5990 팩스 (02)739-2129	
홈페이지 www.jinsun.co.kr	
등록 – 1975년 9월 3일 10-92	

*책값은 뒤표지에 있습니다.

ISBN 979-11-90779-36-4 13630

감사의 말

우선 제게 늘 영감을 주시는 부모님과 저를 지지하고 용기를 주는 가족에게 감사하다는 말을 하고 싶습니다. 또한 이 책을 만드는 과정에서 저를 잘 이해하고 많은 지지를 보내 준 슐레이만과 모이라, 캐롤라인, 로베르토, 로테, 시아라, 마틴에게도 고마운 마음을 전합니다. 32~33쪽, 42~43쪽, 50~51쪽, 58~59쪽, 66~67쪽, 76~77쪽, 82~83쪽, 90~91쪽에 소개된 조약돌 작품을 제공해 준 나타샤 뉴튼에게도 감사합니다. 나타샤의 작품에 대한 더 자세한 정보는 www.natashanewton.com을 참고해 주세요. 마지막으로 이 페이지에 쓰인 사진을 촬영해 준 슐레이만 메살티에게도 감사의 마음을 전합니다.

Pet Pebbles by Denise Scicluna
A Quarto Book
Copyright © 2018 Quarto Publishing Plc an imprint of The Quarto Group
All rights reserved
Korean translation copyright © 2021 Jinsun Publishing Co., Ltd.
Korean translation rights arranged with The Quarto Group through Orange Agency

이 책의 한국어판 저작권은 Orange Agency를 통한 저작권자와의 독점 계약으로 진선출판사가 소유합니다.
신 저작권법에 의하여 한국 내에서 보호를 받는 저작물이므로 무단전재와 무단복제를 금합니다.